本书受铜陵学院著作出版基金资助

康德自由思想的四个面相

李艳峰◎著

安徽师范大学出版社
ANHUI NORMAL UNIVERSITY PRESS
·芜湖·

图书在版编目(CIP)数据

康德自由思想的四个面相 / 李艳峰著. — 芜湖: 安徽师范大学出版社, 2021.9
ISBN 978-7-5676-4981-1

Ⅰ. ①康… Ⅱ. ①李… Ⅲ. ①康德(Kant,Immanuel 1724-1804)—自由—思想评论
Ⅳ. ①B516.31

中国版本图书馆CIP数据核字(2021)第175123号

康德自由思想的四个面相 李艳峰/著

责任编辑: 晋雅雯
责任校对: 刘　翠
装帧设计: 丁奕奕
责任印制: 桑国磊
出版发行: 安徽师范大学出版社
芜湖市北京东路1号安徽师范大学赭山校区　　邮政编码:241000
网　　址: http://www.ahnupress.com/
发 行 部: 0553-3883578　5910327　5910310(传真)
印　　刷: 苏州市古得堡数码印刷有限公司
版　　次: 2021年9月第1版
印　　次: 2021年9月第1次印刷
规　　格: 700 mm × 1000 mm　1/16
印　　张: 11
字　　数: 180千字
书　　号: ISBN 978-7-5676-4981-1
定　　价: 45.00元

前　言

郑昕先生认为,“超过康德,可能有新哲学,掠过康德,只能有坏哲学”[①]。康德哲学,无论是国内还是国外,无论是在康德在世时还是康德离世后的二百多年间,都是每一个从事哲学思考的人必须触及的课题。这其中包括对康德哲学阐释、非议、误解、发扬、批判地继承甚至全盘的否定等。但无论采取何种态度,只要我们从事哲学研究,康德哲学必然伴随着我们。康德所说的“头顶的星空和心中的道德律”是每一个理性存在者都必然会思考的问题。如果“头顶的星空”暗指外在于我们感性的经验世界的话,那么“心中的道德律”就蕴藏着人之所以为人的终极根据。头顶的星空亘古不易地按照自然的规则运转着却不自知,作为理性存在者的我们却能对自己的行为规则有一种究极性的追问,这种追问的最终指向就是自由问题。绕过自由问题,就无法真正领会康德哲学的精义。康德说过:“自由的概念,一旦其实在性通过实践理性的一条无可置疑的规律而被证明了,它现在就构成了纯粹理性的、甚至思辨理性的体系的整个大厦的拱顶石。”[②]就康德的哲学体系而言,自由思想在其中充当了不可或缺的“拱顶石”作用。

康德的自由思想既可延及古希腊思想家对自由思索的成果,又兼及对近代自然哲学、唯理主义与经验主义的思考,并自觉地对启蒙思想暴露出的必然与自由之间的裂痕进行了修补,进而对自由思想进行了前无古人,后乏来者的论证和处理。可以说,康德的自由思想不仅仅是康德哲学体系的“拱顶

①郑昕.康德学述[M].北京:商务印书馆,1984:1

②康德.康德三大批判合集:下[M].邓晓芒,译.杨祖陶,校.北京:人民出版社,2009:15.

石”,更是人类思想大厦上的一颗耀眼的明珠。而康德自由思想之所以如此耀眼,原因就在于康德的自由理论一直专注于对人类内心的不断勘察并努力为我们的道德生活创设究极性的理论支撑。

在古希腊的思想家看来,哲学起于诧异,悠游于思想,超越所有物质的归宿之外,专为精神之福祉。哲学的作用在于创立一系列人如何本真地栖居于此世界的理论,这种理论以心灵的自由为旨归。在雅斯贝尔斯所谓的“轴心时代”,人类开始用理性的方法,以道德的方式探索、重塑自己所生存的世界。

在工业革命的力量得到极致发挥的时代,在资本经济备受推崇的时代,人们的内心已然不再像古希腊哲学家那样把哲学推崇为最高尚的事业,也没有人能从时代的纷扰和繁重事务中解脱。黑格尔不无感伤地在《逻辑学》第一版序言中说:“以沉思永恒和专门献身于这种沉思的生活为目的——不是为了有用,而是为了灵魂的福祉,——那样的人们消失了。”[①]工业革命之后,随着商品经济的崛起,一种全新的对人类行为进行衡量的测度模式产生了。高效和精准是“好”的代名词,经济上数字的多寡成为评估我们自身行为的典型标准。低投入高产出受到追捧,实用性成为“高尚”的标准。这种标准进而侵入我们理解世界的方式,对我们的思维和探索世界的模式产生了深刻而又难以摆脱的影响,这种影响最突出的表现就是我们已经难以体会何谓自由,或者说我们所谓的自由在康德看来只是一种有条件的自由。面对只注重手段,不注重目的的资本经济的模式,我们如何达到康德所盼望的无条件的自由,是一个值得我们每一个人思考的问题。

正是对人的自由不断被消耗和贬低的警觉,福柯宣称“人死了”。这样说的原因就是从古典哲学家考量人的标准而言,现今的世界过多地关注外在的物质层面,而忽略了精神层面。表面上看,人类社会获得了前所未有的物质和经济增长,但这些成绩中的部分却是以不断地抛弃对自身内在理性的持守为代价的。这种物质上的巨大成功是以我们自身的自由被束缚为代价的。在此意义上说,真正完整意义上的人“死了”。而实现人类在自由问题上的

①黑格尔.逻辑学:上卷[M].杨一之,译.北京:商务印书馆,1996:2.

自我救赎,进而寻求物质和精神之间的一种平衡,最好的途径就是回到康德哲学,特别是回到康德的自由思想中去。

康德是启蒙运动的集大成者,其哲学思想集中体现了他对启蒙思想的阐发,我们也能体会到康德对调和理性主义与经验主义、自由与必然之间紧张关系所付出的努力。康德在学理上的努力调和并不能避免我们当下世界中自由与必然的冲突,如果我们想要寻求二者之间冲突的解决方法,最好的方式是回到康德哲学及康德的自由思想中去。如果我们能真切体味到康德自由思想的要义的话,就不仅能为今天诸种自由问题找到相应的源头,而且能找到更加有效地解决自由问题的方法。

笔者认为,康德的自由思想有着内在的逻辑推进理路,表现为对独立于自然因果律之外的自由能力的探讨,以道德律令来说明自由的推进,以及围绕着实践理性、意志自由、实践法则三个概念对先验自由的究极性说明,最后着力于探讨自由与自然相贯通的路径。康德对自由问题的辨析总体形成了寻求与自然因果律相脱离,以道德实践中的道德律令说明自由,再以意志自由和实践法则证明自由的先验性,最后寻求自由与自然再次贯通的闭环,由此衍生了康德自由思想的四个面相。

首先康德对纯粹理性的辨析奠定了自然因果律在经验世界的统治地位,如此一来人类的自由何处安放的问题也就凸显出来了。正是在此背景之下康德开始了围绕着自由概念的系列探讨并形成了不同维度的自由理论。自然因果律对自由的压迫促使康德寻求主体在自然因果律之外拥有源初性的序列开启能力的合法性,这种对主体作为原因开启者的自由的论证是以对二律背反问题的解决为背景的,并得出我们自由的主要依据是经验世界的诸多现实证明了我们具有与感性欲望对抗的能力,亦即我们拥有与自然因果律对抗的能力。对这种能力的讨论把我们引向了对自由的第二个面相——自由与道德律令的探讨,主体在这里经受着自然律令以及与其对抗的道德律令的角力,二者所发挥的不同力量形成了自由的任意、善良意志、道德邪恶、绝对律令。但是康德用道德证明自由,又以自由证明道德的论证方式促使我们对自由进行究极性的探讨。这就形成了康德自由思想的第三个面相——意志自由与实践法则的理论。在这里康德把对先验自由的论证转换为对意志自由的客观实在的阐明，同时又拈出实践法则中理性对意志独立而自为的影响作为说明，实现了意志与实践法则的相互蕴含，并在此基础上构建了善恶概念的范畴表作为实践法则作用的对象，实践法则对我们情感上的引动演变为我们道德实践的内在动力。康德从无利害的审美自由入手，着力于构建自由与自然的贯通，并形成了其自由思想的第四个面相，即审美愉悦所带来的无束缚的自由把我们引向了独立于感性、知性、理性范围之外的反思判断力。反思判断力是一种先天的表象，具有先验性的意志自律的自由和自然的合目的性的自由，在先验的意义上实现了从自然概念向自由概念的贯通。

本书的主要内容如下。

第一章主要探讨自由面相的奠基问题。在《纯粹理性批判》中，康德把经验世界的牢固性建立在先天综合判断这一核心概念上，并把时空序列之下的自然因果律奉为当下世界的普遍必然规范。但把世界的一切都归于自然因果律，问题也随之而来："自由"无处安放。康德自由思想的四个面相就是围绕着在不悖于自然因果律的前提下，自由该如何安放的问题而展开的。在此意义上，《纯粹理性批判》为康德的自由面相提供了思想上的奠基，同时也设置了理论底色，自由问题在先验辩证论中得以真正显露。

第二章主要探讨自由的第一个面相：主体作为原因开启者的自由。康德在自然因果律的框架之下寻求如何安放主体自由。自然因果律的序列完备性只能给我们提供一种先验的自由，但先验的自由却因为自身绝对的源初性无法与经验世界的行为产生因果性的关联而沦为观念性的产物。此种自由的境遇被康德谓之"辩证欺骗"，因为源初性的自由隶属于超验的畿域，却被进行了知性式的处理。康德把因果关系归于力学性的条件序列，进而开辟了另一种有别于二律背反的自由探讨途径，某种类似于先验自由的理知自由在不干扰经验世界自由序列的条件下让理性得到满足。这样我们就握有了自行开启某个条件序列的绝对自由，而这种原因开启的能力又和自然因果律的原因并行不悖。能为我们作为原因开启者提供现实证明的就是我们拥有与感性对抗的能力，这就是道德律令。

第三章主要探讨自由的第二个面相：自由与道德律令。康德首先区分了自然律令和自由律令，在主体中两种法则表现为自然规律和道德律令的尖锐冲突。当我们的行动遵循了自由的指导却依据于自然因果律时，我们只是达到了一种自由的任意；当我们完全遵循自在的善良意志的律令时，我们彰显了自由用“善”约束自己的理性的自律；当我们选择把自然的欲求作为行动准则时，我们的行动便源于道德邪恶。先验自由最终通过实践理性产生相应的律令来昭示自身的力量。我们对这种律令的遵守，标志着我们成了一个自律的主体，而我们对绝对命令“要只按照你同时认为也能成为普遍规律的准则去行动”的持守，必然导向“你的行动，要把你自己人身中的人性，和其他人身中的人性，在任何时候都同样看作是目的，永远不能只看作手段”的道德实践。不难发现，康德在这里的演绎陷入了一种以道德证明自由，又以自由证明道德的循环论证。对自由的客观性阐明是在对实践理性的深入辨析中完成的，这种辨析也为我们揭示了自由的第三个面相。

第四章主要探讨自由的第三个面相：意志自由与实践法则。康德指出，纯粹理性在对意志的左右中产生了理性主体自己决定自己的道德行为，理性的实践性应用赋予了纯粹意志自由因果律的开启能力，这样一来我们对先验自由的论证就转换为关于意志自由的客观实在性的阐明问题。我们公认的实践法则的基础就在于理性存在者共同拥有了一个决定意志的根据，所以实践法则对意志表现为必然的强制性应当。这种实践法则指向的是理性对意志独立而自为的影响，其中绝不能掺杂任何受本能决定的欲求能力。而幸福与自爱原则因为建立在情感欲求的基础之上，虽然在左右意志之后能获得一种满足，但其中绝不蕴含真正的自由，唯有在纯粹理性严格的单纯立法形式下的意志才是先验意义上的自由。在这里意志自由和实践法则实现了相互蕴含，自在而纯粹的实践理性以“理性的事实”为纯粹的意志立法，在此意义上实践法则就是意志的自由，而我们不断现实化实践法则的行为就是抉择的自由。实践理性对自己立法向我们展示了一个理性的现实，这种现实造成了先天自由原则和先天实践概念的结合。康德以此为据建构了有关善恶概念的范畴表作为实践法则作用的对象。当我们的意志被实践法则决定时，我们的行为才具有道德价值。在此实践法则下产生了影响主体意志的情感,并在主观上成了我们道德行为的动力。实践法则引动的诸多情感具有一种把自由和自然结合的能力,这种能力以及康德对判断力的研究构成了自由的第四个面相。

第五章主要探讨自由的第四个面相:自由与自然的贯通。康德一直杜绝先验自由和经验世界产生任何关联,而没有利害关系的审美自由同样秉承着此种品质。审美自由的源头是反思感觉着的自身,所以这种自由不依凭于任何经验性的客观实存,同时又和快适以及善所带来的愉悦严格区分。审美的愉悦带给主体自由情感,自由情感在这里不再被感性所束缚,跳脱开知性的认识负担,丝毫也没有被理性的实践立法所影响。在理论上,康德为我们开辟了另外一个截然不同的场域,这个场域中的主体虽游走在感性、知性和理性的范围之外,却体会到一种没有任何约束的自由。康德从先验自由的反向状态中为我们揭示出了另外一种和先验自由截然不同,却也有着自身产生机制和普遍性的自由形态,为我们贡献了自由的另外一种面相。在反思判断力的作用下,我们发现原来截然不同的自然和自由的概念有了一种贯通。首先,在反思判断力可以赋予自然超感性基底的可能的同时,主体以反思的方式实现对殊异性的统一的意图,而意图的实现给主体带来无拘束的自由感。其次,纯粹实践理性实现意志自律的自由,严格说来也是主体的意志对自己命令的一种持守,在这里主体也达到了一种没有任何束缚的自由。但这种自由同样是在自然因果律起决定作用的世界中才能客观化与现实化。反思判断力是一种先天的表象,在此基础上具有先验性的意志自律的自由和自然的合目的性的自由在先验的意义上实现了从自然概念向自由概念的贯通。

目　录

第一章　自由思想的奠基

在《纯粹理性批判》中，康德向我们展示了一种对独断论和怀疑论问题进行调和以及重新回答的努力，这种回答展示了康德哲学的独特性，这种独特性正是康德哲学的魅力所在，也是导致康德自由理论殊异性的深层次原因。我们可以看到，康德对自由理论诸面相的探讨均离不开他在《纯粹理性批判》中所奠定的有关自然规律的普遍必然性的基础。康德为我们提供了一种在感性直观和知性范畴的综合作用下，全新的看待世界的方式，且把经验世界的牢固性建立在先天综合判断这一概念之上，并以此为基础为我们提供了处于时空序列下的自然律，作为我们所置身的世界的普遍必然规范。在此种情况之下，一切皆取决于时空序列中的自然律，自由渺茫不可得。或者我们可以说，自然规律的不以人的意志为转移性让我们意识到在自然中是没有自由可循的，而意识到自然中没有自由可循恰恰说明我们最起码是可能或者有志于拥有自由的，否则我们就无法意识到自身的不自由。因此，在理性的二律背反中，自由的问题终于凸显并占据举足轻重的位置。我们可以看到，对自然哲学的普遍必然性论证愈严密，自由就愈不容易被证实和说明，同时也就更加证明我们对自由的需要和拥有自由的必然。在此我们可以宣称，《纯粹理性批判》中对自然规律翔实而缜密的研究是最严格的对自由的否定，但这种否定之所以能被称为否定，就是因为它和自由密切相关，这就拉开了哲学史上必然与自由问题结合的康德式演绎的帷幕。

一、先天综合判断

康德认为,传统形而上学失去生命力的原因就在于没有意识到先天综合判断的存在,而休谟所鄙弃的形而上学也不是建立在先天综合判断基础上的形而上学。我们可以说,康德以先天综合判断理论对传统形而上学进行了重新改造,同时也对休谟的形而上学不可救药的判定予以反驳,这种努力使得《纯粹理性批判》成为探讨自由的基础。

在《纯粹理性批判》的导言中,康德开宗明义:一切知识都是从经验开始的。但他马上又指出,从经验开始并不意味着经验就是知识的唯一起源。因为在康德看来,我们的知识是由外界刺激所产生的印象以及我们固有的知识能力二者之间的复合物。可惜的是,不经训练的话,我们就没有能力区分这些基本要素(何者为外界刺激所致,何者为我们固有的知识能力所致)。那么问题在于,我们固有的知识、能力是什么呢?它们又是以何种方式存在的呢?

对此康德选择了"先天的(a priori)"[①]来回答,并将其与经验性的(empirische)知识区别开来。在康德看来,有些知识来自经验,却被我们习惯性地赋予了先天的名义,但实际上它们只是从某个普遍的规则引出来的知识而已,而这个规则本身的源头在于经验。他举例说,一个在挖房基的人可以先天地意识到房子要倒,而不必等到这座房子真的倒下来才知道这一事实。但这种知识并不是康德所谓的先天的知识,因为在康德看来,房子要倒的判定源于以下经验:当抽掉有重量的物体的支撑物时,物体就会倒掉。因其源于经验,所以只能称为相对先天。我们可以看到,康德对"先天的"要求如此纯粹。在康德的哲学中,"先天的"意味着对一切经验性知识的拒绝,是"完全不依赖于任何经验所发生的知识"[②]。这种绝对的没有掺杂任何经验性东西

①康德.康德三大批判合集:上[M].邓晓芒,译.杨祖陶,校.北京:人民出版社,2009:1.

②康德.康德三大批判合集:上[M].邓晓芒,译.杨祖陶,校.北京:人民出版社,2009:2.

的知识就被康德称为“纯粹的”[①]。那么随之而来的问题就是：我们能否拥有一个有效的标志，将纯粹知识（先天的）和经验性知识区别开来呢？康德对此的回答是肯定的。必然性和严格普遍性是判断一个命题是先天知识还是经验性知识的标志。在康德看来，一个经验性命题获得的基础是通过归纳的方法，而归纳的方法只能给自己一个假定的、相对的普遍性。假如世界上有一百只天鹅，我们已经观察了九十九只，并且这九十九只全都是白色的，我们可以从归纳的角度判定天鹅是白色的。“天鹅是白色的”这个命题中就暗含着对第一百只天鹅也是白色的假设，实际上第一百只天鹅有可能是其他颜色。所以从严格意义上来说，“天鹅是白色的”这个命题只具有相对而言的普遍性，即它对前面九十九只天鹅来说是普遍的，但对全部的天鹅来说却只是相对普遍的。康德认为，在经验性的知识之外，人类知识中不乏必然的和严格意义上的纯粹的先天判断。康德指出，在一切数学命题中都具有必然的和严格意义上的普遍性。比如“4+4=8”这个数学命题。四个苹果加上四个苹果是八个苹果，四只天鹅加上四只天鹅是八只天鹅……我们可以发现，无论我们赋予“4”这个数字何种意义，再加上同样数目的“4”种同类事物之后，结果总是为“8”。但康德所面临的问题是，他所探讨的纯粹的先天判断不能仅仅停留在对数学这一门科学的适用范围之内，而应该在人类的知性中寻找到这种判断纯粹的先天的表现及根据。康德随后拈出了一个“一切变化都必有一个原因”的命题。康德指出，在这个命题中，原因这个概念本身必然包含一个与结果相联结的必然性概念。因为如果没有结果的话，原因就不能成其为原因，变化的结果与导致变化的原因必然是成对出现，相互联结的。而且我们会发现，所有事物一旦发生变化总能追溯导致其变化的原因，也就是说，这个世界上找不到没有原因而自然发生的结果，也没有一个可以无缘无故就能自己产生结果的事物。所以“一切变化都必有一个原因”，是具有必然性、严格普遍性的先天纯粹命题。如此一来，知性也就向我们证明了其自身有能力去认识具有必然性、严格普遍性的先天纯粹命题。我们要注意的是，这些先天纯粹命题不仅具有严格的普遍适用性，更能在经验中得到

①康德．康德三大批判合集：上[M]．邓晓芒，译．杨祖陶，校．北京：人民出版社，2009：3.

相应的检验，比如“一切变化都必有一个原因”的命题的普遍必然性就是建立在经验世界的严格检验和不断验证的基础上的。

但康德提醒我们说，与源自经验且混杂有先天性的知识命题不同的还有另外一些知识，它们甚至离开了一切经验的领域，也就是说这些知识所探讨的对象在经验中根本找不到相应对象，它们所探究的概念已经超出了经验的界限，但这些知识却想借此扩大我们知识的界限。康德说，这些地方“经验完全不提供任何线索、更不能给予任何校正”[①]。与这些知识客体相关的，就是上帝、自由和不朽，为解决这些问题而产生的科学就叫作形而上学。在康德看来，传统形而上学的失败之处就在于离开了经验的基地之后直接使用了未经考察的原理建立了形而上学的大厦，而没有对知性如何达到这些先天知识进行辨析，更没有对这些知识的使用范围、有效性和价值进行必要的甄别与考察。基于以上原因，康德认为，传统形而上学的方法一开始就是“独断的”[②]。他指责柏拉图轻易地离开了感官世界而冒险用理念飞向经验世界的彼岸，最终必将一无所获，因为在彼岸世界中没有任何支撑物作为基础使知性发动起来。康德进一步指出，自柏拉图以来的人类理性在思辨中总是先急于建立思辨的大厦，然后才来调查大厦的根基是否坚固，而这种做法只是一种“迟来的危险的检验”[③]。康德的言下之意就是他已经发现了传统形而上学失去活力的原因，那就是在失去与经验关联的情况之下进入了不该进入的领域，从而导致自己独断论的命运。那么，在人类的知识中，有没有一种知识可以在先天的和经验的之间保持奇妙的平衡，从而把传统的独断论的形而上学拯救出来呢？

康德给出的答案是肯定的，这种知识就是先天综合判断。康德首先指出，一切判断根据主词和谓词的关系可以分为两种不同的类型——分析判断和综合判断。如在“A是B”这个判断当中，如果谓词B属于主词A，那么这种判断就是分析判断。在分析判断中，我们可以通过对主词的分析得出和谓词

①康德．康德三大批判合集：上[M]．邓晓芒，译．杨祖陶，校．北京：人民出版社，2009：5.
②康德．康德三大批判合集：上[M]．邓晓芒，译．杨祖陶，校．北京：人民出版社，2009：5.
③康德．康德三大批判合集：上[M]．邓晓芒，译．杨祖陶，校．北京：人民出版社，2009：6.

同样的内容，也就是说，谓词对主词而言只是说明性的。如“一切物体都有广延”这个命题，我们可以从物体的概念中分析抽绎出广延的概念，也就是说广延的概念是暗含在物体的概念当中的。广延并没有给物体概念增加更多的它没有包含的概念或者知识。与此相反的情况是，谓词B并不能从对主词A本身的考察中被分析出来，也就是说，谓词B对主词A的关系是一种扩展性的。在这里，谓词B增加了主词A中所没有包含的概念。如在“一切物体都是有重量的”这个命题中，谓词重量就不是我们在物体的单纯概念中所能想到的。而这样的一种谓词对主词概念知识上的增加就是综合判断。我们可以发现，我们日常中的经验判断很多都是综合的，因为综合判断可以把不同的事物联结起来从而扩展我们的知识面，这是人类思想不断进步的前提之一。分析判断因为只是把某些事物本身已经含有的概念以谓词的面目重新述说所以对增加我们的知识没有任何积极性的意义。在此意义上，分析判断只是某个概念的文字游戏，而综合判断则是我们增加经验性知识的重要手段。但我们要注意的是，综合判断的有效性只限于经验领域，一个综合判断正确与否取决于我们是否可以从经验世界中获得体验。如我们可以掂一下，自己眼见的所有物体是否有重量来验证“一切物体都是有重量的”这个命题的正确与否。

富有独创精神的康德对两个判断的考察并不止于此。康德问道，当我们超出概念A之外而去和另一个概念B相结合时，我们是凭借什么来达成这种综合的呢？这种综合最主要的特点就是没有在经验世界中进行验证的便利。康德进一步指出，这些判断可以称之为先天综合判断，如“一切发生的事物都有其原因”[①]的判断，我们可以从事物的变化中判断出：在它变化之前已经存在于时间当中了。但原因的概念是完全外在于前面那个概念的，它表示了一种与发生变化的某物完全不同，却与某物产生了必然的关联的东西。问题在于产生这种必然关联的原因是什么呢？康德判断说这不可能完全是经验的，因为“一切发生的事物都有其原因”的判断所表现出的必然性让发生的事物与一个完全陌生的谓词发生了必然的联结。这种必然的联结是从单纯

①康德．康德三大批判合集：上[M]．邓晓芒，译．杨祖陶，校．北京：人民出版社，2009：9.

的概念出发而得以可能的，所以这是一种先天综合判断。当然，无论对康德本人还是对他的读者来说，仅仅如此就证明先天综合判断是可能的就显得过于草率和没有说服力了，康德需要找出先天综合判断的根据。康德对此根据的探寻与确立让西方哲学产生了与之前完全不同的转向，康德因此而留名于哲学史，西方哲学由此也扩展了它的研究领域。

为了找出先天综合判断的根据，康德尝试了一种“哥白尼式”的改变。在西方哲学史上，康德之前的哲学家们对认识有着基本一致的意见。首先，他们对人的认识能力有着充分的自信，普遍认为，人是可以对这个世界达到充分的认识的。其次，他们认为，认识是主观符合客观的过程，即人们对事物认识的正确与否的关键存在于事物之中，人对事物的认识的尺度在于我们在多大程度上与客观事物本性相符，人们认识水平的高低也是和对事物的描摹程度成正相关的。比如，柏拉图认为，感性世界的事物是对理念世界事物的一种摹仿，所以对经验世界的认识无法让人达到真正的知识畿域，而只有对理念的认识才是认识的最高级层次。人如何达到对理念的认识就成了柏拉图哲学的顶层结构部分。康德在这里反其道而行之，他模仿哥白尼建立日心说时的思维方法来寻求我们认识思维的一种转化。哥白尼的一些定理在太阳围绕着地球转动的前提之下无法形成逻辑和现实的自洽，于是他转换观点尝试着认为地球围绕太阳转动，结果完成了天文学方面的一个重大颠覆，创立了日心说。康德受此方式的启发，尝试着反转我们认识的启动方式，即不在客观事物中，而在我们的主观中寻求先天综合判断的根据，康德自信地宣称自己找到了“一条更为简易的出路”①。在康德看来，经验本身就是知性所要求的一种认识方式，知性的规则必须是在对象被给予我们之前就作为先天的前提存在于我们心中了。这个规则被表达在先天的概念中，所以一切经验对象都必须依照这些概念且必须与它们相一致。换言之，我们在被外界的现象刺激产生经验之前，我们的知性中就先天地存在了一种将外界进行形式化的概念，外界事物必须与我们这些先天概念相符合才能被我们认识，才能

①康德．康德三大批判合集：上[M]．邓晓芒，译．杨祖陶，校．北京：人民出版社，2009：14.

成为我们关于这个世界的经验。随之而来的问题就是,如果外界对象的刺激只能引动我们的知性概念并形成经验性认识的话,我们还能不能认识外界事物的本体呢？康德的回答是否定的。他认为,物自体是不可知的,我们可知的限度在于事物所表现出来的现象,这也就意味着我们的认识永远也无法超出经验世界。

如果说哥白尼的天文学转向让人们认识到太阳是我们所在宇宙的中心,那么康德对先验理论在感性和知性中的探索就把人推到了世界的中心。哥白尼区分了天体的真实运动和表面运动,康德区分了事物的物自体、物自体给予我们的现象,从而把我们的认识行为转变为一种知识对象必须符合认识主体的结构,认识活动是认识主体进行能动性综合的一种行动。但问题是如果直观的形式和知性的范畴是"主观的",那么这种主观的形式和范畴如何承担起对普遍必然性的承诺呢？在康德看来,这种主观的先天规则在并非这一个或那一个主体的私人的、心理学特征的意义上又是"客观的"。也就是说,先天的直观形式和范畴虽然来自我们的主观,但因为它们又是产生经验的必备的先天形式,是经验的产生必须遵循的诸规则,在此意义上说,当我们接受外界的现象刺激并使用范畴整理这些现象形成概念时,我们所使用的先天感性形式和知性的范畴都是相同的,即我们作为认识者,在认识物体时可能会有个体性的差异存在,但我们在认识时所使用的认识的感性形式和知性范畴却是完全一致的,它们对于每一个认识者来说都是相同的。这就是主观的感性形式和知性范畴客观性的主要依据。因此,作为普遍性和必然性的客观性为每一个认识主体在认识共同对象时的一致性提供了标准。

我们可以看到,康德的哥白尼式的转变所取得的功绩之一就是对休谟的怀疑主义的驳斥。康德认为休谟否定旧形而上学的论证方式虽然是无可挑剔的,却是在先天的直观形式缺席的情况下进行的。康德拈出先天直观和先天范畴这种先验感性和知性的纯形式,让它们和经验进行了无缝联结,这种对形而上学的改造使得休谟对形而上学的否定失去了发力点而失去了逻辑上的可能性。同时休谟对人的认识中不可能存在普遍必然性的判断也因此而失效。在休谟看来,我们认识中的因果性是建立在一种习惯性的联结之上的，事物之间没有必然的联系，而只是我们的习惯使然。休谟以此把知识中的必然性归结为我们心理的习惯性期待，随之而来的就是休谟认为人本身只不过是一层层不断累积感觉的事物而已，新的感觉不断刷新旧的感觉，在这种不断的感觉刷新之下的人是没有自由可言的，只是激情的奴隶。我们可以看到，休谟对知识必然性之可能的否定回答让他同时否定了人的自由的可能性和理性在人身上起作用的可能性。也就是说，一个哲学家对物理世界的看法直接决定了他对处于物理世界的人的道德世界的态度，以及人的自由的态度。但不可否认的是，站在旧形而上学的角度，休谟的论断确实无法辩驳，所以康德称："休谟的提示在多年以前首先打破了我教条主义的迷梦。"[①]我们可以看到，康德的哥白尼式的转变完成了对休谟的怀疑主义的回答，而对休谟怀疑主义有效应对的同时也对旧形而上学进行了颠覆，创立了一种全新的形而上学理论。按照前面我们的说法，康德为拯救形而上学创制了一种新的形而上学形态，其中必然包含着一种全新的对人的道德生活的诉求和期许。如果说驳斥休谟的怀疑主义和拯救形而上学是康德的第一个功绩的话，那么一种建基于这种思考模式上的全新的自由理论便是康德的第二大功绩。康德称自由是他的哲学系统的"纯粹的、甚至思辨的理性体系的整个建筑的拱顶石"[②]。因此，我们可以说，康德对纯粹理性的批判是自由理论的基石，因为在没有普遍性和必然性的物理世界中，一切都是偶然的，我们面临的各种生存境遇也全都是一种偶然，每个人都像被抛进了一个由各种偶然事件组合成的世界。如果这个世界就只有偶然性而没有必然性，那也就意味着我们没有任何可选择性，失去可选择性的我们又有何资格进行思考和选择，乃至承担选择的后果呢？同样的，纯粹理性批判又重新赋予了传统形而上学以新的生命力，从某种意义上说拯救了理性，或者说为理性正名。如果没有理论理性，我们对物理世界的建构将是不可能的。同样，如果没有实践理性，我们将会陷入和动物一样的感性欲望的驱使之中从而丧失人应有的尊严和崇

①康德.任何一种能够作为科学出现的未来形而上学导论[M].庞景仁，译.北京：商务印书馆，1978:9.

②康德.实践理性批判[M].韩水法，译.北京：商务印书馆，2016:2.

高，我们将和自然界其他物种一样，被自然律所驱迫，受制于我们的各种欲望，并和其他的有限存在者一样不断地生灭。但我们人类最为骄傲的，即我们不同于世界上其他物种之处，就在于我们拥有理性。理性可以让我们克制自身种种感性的欲望，并用理性自身的力量对我们的行为进行一种规定，从而摆脱感性的种种限制。在理性的指引之下，我们从纯粹实践理性中汲取人之为人的种种道德律令，以纯粹实践理性的律令来指导我们的道德生活，构建我们期许的道德世界。这样人作为有限时间中的自然存在者，便实现了自身的自由。我们可以说，作为自然的存在者，我们和其他物种是相同的，但作为一个拥有自由意志的物种，我们获得了应有的崇高。

二、先验感性论

既然我们无法超越外在的经验世界，那么为我们的生存提供空间和场域的物理世界或者说自然是怎样的呢？我们需要注意感性的直观形式对我们的感观进行刺激形成关于外界事物的表象之后，又对外界的表象进行范畴性的综合并赋予其概念。在康德看来，感性的直观中时间和空间是两种最纯粹的直观形式，康德说："空间无非只是外感官的一切现象的形式，亦即唯一使我们的外直观成为可能的主观感性条件。"[①]康德认为，空间是主体外部直观的形式，这种形式在事物对主体产生刺激之前以直观形式的形态存在于主体之中，外部事物对主体的刺激必然会在这个空间的直观形式中发生。也就是说，空间的纯粹形式在于主体的人，而不在于作为现象的物，事物的现象和事物的表象必须在源自主体的空间形式中得到表现。那么，空间作为我们外直观的一种纯粹形式，它是否能够表象自在之物的属性呢?康德的回答是否定的。康德说："凡是我们称之为外部对象的，无非是我们感性的单纯表象而已，其形式是空间，但其真实的相关物、亦即自在之物却丝毫也没有借此

①康德．康德三大批判合集：上[M]．邓晓芒，译．杨祖陶，校．北京：人民出版社，2009：28.

得到认识。”[①]康德在此重新申明，外部直观的形式空间作为主体外部直观的纯形式，只对感性的单纯表象开放，至于表象背后的真实的物自体却无法在空间形式中被观察，无法在空间形式中被观察的也就无法在经验中被探讨。当我们意识到眼前有一个苹果时，这个苹果必须占据一定的空间，这样我们才能让自己的感觉器官对它的表象进行感受。也就是说，任何对象存在的先决条件是，必须占有一定的空间。我们可以设想找不到任何对象的空间——空的空间，却无法设想一个对象不占有一定的空间。需要注意的是，我们可以对一个被置入空间的苹果进行颜色、大小等方面的感性观察，甚至可以将它归入一定的范畴并做出相应的概念判断，却无法对苹果向我们展示的表象之外的任何方面发表意见。康德将空间作为感性直观第一个被探讨的形式，因为空间为我们所处的物理世界提供了我们行动所需要的广延性，同时广延性作为物体的首要特性是事物之所以为事物的重要属性。空间可以为我们的存在以及行为提供必备的物理广延性支撑，同时这种支撑也是我们道德生活得以开展的必备条件。物理世界的广延性为我们的行为所导致的事物的变化提供了可供检测的经验性事实，从而对我们的道德生活提供了行为检测和命令持守的基础。

在对感性直观的空间形式进行探讨之后，康德又探讨了感性直观的另一个重要形式——时间。康德认为，时间绝不是从经验中被归纳出来的经验性概念，因为如果经验世界不以时间表象先天地作为基础的话，我们的知觉中就不会有“同时”和“相继”这两个概念的出现。如，“我们面前同时出现两个苹果”，这句话背后必须有一个先天的时间作为支撑，也就是说，“同时”所指称的那一时间内，有两个苹果从不同的空间在我们面前出现。这两个苹果占有不同的空间，却共享了同一个时间。若非如此，我们就无法把“同时”这个词语冠在两个苹果之前。“相继”的概念同样如此，“我的面前出现了一个苹果后又出现了一个苹果”，这句话中两个苹果在不同的时间内在我的面前相继出现，它们在不同的时间内先后占据了一定的空间在我们面前出现。康德

①康德．康德三大批判合集：上[M]．邓晓芒，译．杨祖陶，校．北京：人民出版社，2009：30．

指出“只有在时间中现象的一切现实性才是可能的”[1]。也就是说，时间是物理世界中的所有事物现实性的必要条件，我们经验世界中的一切可能性都建基于时间这个先天感性形式之上。我们可以想象我们的世界中不再有任何现象，即一切事物都不再存在，但我们无法取消使这些现象具有可能性的普遍条件——时间。我们可以设想没有现象的时间，却无法设想不在时间中存在的现象，亦即任何经验世界中的现象都必须在时间的维度中才能被我们所考察。在这里，时间为我们经验世界中的事物划定了活动的范围，提供了它们具备现实性的必备条件。但康德同时指出：“时间只是我们（人类的）直观的一个主观条件（这直观永远是感性的，即限于我们为对象所刺激的范围内），它超出主观就其自在来说则什么也不是。”[2]在康德看来，时间是我们内直观的形式，如果我们从时间中把我们感性的特殊条件拿掉，那么就连时间的概念也消失了。我们注意到，康德在这里将时间归于认识主体，归于人类本身所具有先验感性形式，而这种把时间归于主体自身的观点和传统西方哲学史上的时间观念截然不同。

众所周知，古希腊的亚里士多德在他的《物理学》中对时间进行了定义：“依先后而定的运动的数目。”[3]亚里士多德拈了“现在”作为时间的基础，把时间解释为由“现在”所构成的连续系列，“现在”之先是过去，“现在”之后是未来，所以时间的先后因“现在”而是不可逆的，一维性的。但又因为“现在”的不断重复，亦即过去也是“现在”的过去，未来也是“现在”的未来，所以时间是永不停歇的“现在”的连续。同时“现在”又是一系列数目，所以时间又是均匀流逝的。亚里士多德对时间的定义成为西方人关于时间的经典学说。但亚里士多德是在物理学的范围内探讨时间理论的，他只是为了给自己的运动理论奠定必要的基础，时间在亚里士多德那里只是物理世界中一个必备的概念而已。在亚里士多德看来，时间是外在于我们自身的。中世纪的奥古斯

①康德．康德三大批判合集：上[M]．邓晓芒，译．杨祖陶，校．北京：人民出版社，2009：31.

②康德．康德三大批判合集：上[M]．邓晓芒，译．杨祖陶，校．北京：人民出版社，2009：34.

③亚里士多德．物理学[M]．张竹明，译．北京：商务印书馆，2009：128-129.

丁则把时间定义为:“心灵的延伸。”[①]但我们要注意的是,奥古斯丁此处的“心灵”是指上帝的心灵。在奥古斯丁看来,上帝是永恒的非时间中的存在者,所以“现在”是上帝心灵的瞬间创造,而这个上帝心灵中的“现在”理念是一切时间的原型,我们所感受到的时间只是对上帝的时间原型的模仿。二者在自由理论层面也完全不同,亚里士多德强调一种由理性智慧而达到的至善的自由;奥古斯丁则强调我们的自由意志是上帝赋予的。对于全善的上帝为什么允许作恶的自由意志存在的诘难,奥古斯丁回答说,不是有意地去行事既不是善也不是恶,因此,如果人没有自由意志,则将不会有公正的惩罚和奖赏。在奥古斯丁看来,人在行事时不能自由选择善恶的意志不是自由意志,所以上帝赋予人类自由意志,进而为自己的选择承担责任,否则世界上将没有善恶的分别,而没有善恶分别的世界又何来上帝的恩赏和惩罚呢?关于时间理论,奥古斯丁认为,无论是物理世界中的时间还是人本身的自由都是上帝赋予人类的。而康德却一反传统形而上学,没有采用亚里士多德这种实在的时间观,更没有采取奥古斯丁的上帝恩赐的时间观,而是把时间归之于认识的主体——人类自身,并且把时间称为先天的感性直观的纯形式。这种理论一方面摆脱了时间是一种实在性的传统论点,另一方面摆脱了时间是上帝恩赐的宗教论调。在康德看来,时间不在于上帝的恩赐,也不外在于我们的实体,而只在人的感性的先天形式中存在,只有人才能把时间置于自己的先天感性形式当中。如此,时间不再是对上帝的时间理念的模仿,而在人自己的认识形式当中,人是认识的主体,人是赋予这个物理世界意义的主人,人是这个物理世界的立法者。

既然人是这个物理世界的立法者,时间对我们来说只是先天地存在于我们自身的一种先验形式,那么我们的生存必然要在时间的背景中才能得以展开。时间一方面是我们赖以生存的物理世界的必备要素,另一方面也是我们道德生活的必备要素。康德认为时间是一维的,而不是如基督教的神学家所宣称的那样是轮回的。那么在这种一维的时间内,我们的道德感如何得以保持呢?我们对至善的追求又朝向何方呢?我们的意志自由的依据又到哪里

①奥古斯丁.忏悔录[M].张晖,谢敬,杨玉成,等编译.北京:北京出版社,2012:132.

去找寻呢？我们看到，康德赋予了时间先天感性的形式，但随即就要面对物理世界和道德世界中的种种问题。换而言之，康德对时间问题的讨论为其道德哲学涂上了特有的底色。在后面对自由的探讨中我们可以看到，康德的自由理论和他的认识理论两相承接，原则一致，形成两个互相支撑的解释系统。或者说，康德对自由理论的探讨是建立在他对物理世界认识的基础之上的。如果把一维的时间观念推向极致的话，那么我们道德世界的命运将会瞬间被倾覆，因为作为有限存在者的我们在线性的一维时间中的存在终究会有结束的一天，既然一切都会结束，那行善和作恶最终的结果都是相同的。所以我们看到，康德在对自由理论探讨的最后假设了上帝存在，灵魂不朽等，这些命题设立的缘由不是对教会的妥协，而是人类道德生活的需要。他在线性的时间中设立了屏障，从而保证我们道德世界的稳固，以此来支撑意志自由、至善等康德道德哲学中的关键概念。

三、先验知性论

除了对感性的先天的形式空间和时间进行探讨之外，康德还对知性进行了深入的探讨。康德认为，我们的知识有两个来源：其一就是感觉受表象的能力，即对外界刺激的感受性，也就是我们所说的感性；其二就是通过这些表象来认识一个对象的能力，即概念的自发性，也就是我们所说的知性。感性为我们提供认识的对象，而知性则承担对表象的关系进行思维的工作。直观和概念的结合就构成了我们一切知识的要素。也就是说，如果概念没有和与之相应的直观相关联，或者某种直观缺乏相应的概念的支撑，都不可能产生知识。直观和概念可以是纯粹的，也可以是经验的。如果其中包含着现实在场的对象，那它就是经验性的；如果表象没有混杂任何感觉(即没有对象的现实在场)，那就是纯粹的。此感觉可以称为感性知识的质料，而纯粹概念只是指一个对象的思维的一般形式。这样我们就可以明了，在康德的哲学系统中，只有纯粹的直观和纯粹概念才是先天可能的，经验性的直观和概念则只是后天可能的。我们说“这是一只狗”这句话，如果我们面前有一只狗，那么“一只狗”就是后天的经验性的,因为我们所指称的“狗”在我们面前正在被直观到,狗在这个时间内是现实的占据一定的空间展现在我们面前的。但我们还是必须要使用我们的感觉对狗进行直观,并把这个直观到的现象在知性中划入狗的图式当中才完成了“一只狗”的判断。与之相反,如果在我们面前没有一只狗的情况下,我们说了“一只狗”,那么我们会以自己的想象力在脑海中构想出一个狗的形象,这只被构想出来的狗没有现实的在场而只能存在于我们的脑海中,但我们有对这只狗的先天的直观和关于这只狗的纯粹的图式,否则我们就无法得出“这是一只狗”这句话,当然,其他人也无法对我们这句话有很好的理解。关于感性直观和知性概念的关系,康德指出:“无感性则不会有对象给予我们,无知性则没有对象被思维。思维无内容是空的,直观无概念是盲的。”[1]知性不能直观,感性不能思维,只有二者的密切配合才能产生我们的知识。

我们要注意到的是,康德在这种外界认识机制的影响下,得出了一个和以往完全不同的自然定义。首先,我们眼中的自然绝不是我们头脑中空洞的思想,因为仅有头脑中的先验形式而没有事物的表象对我们进行刺激,我们的先验形式就仅仅是一种形式而没有任何的实在性,是我们头脑中空洞的思想。其次,我们眼中的自然也不完全是外界事物的本真摹写,因为我们身外的事物想要被我们所意识到,必然要和作为认识主体的我们的感性直观的形式和知性的概念相符合,否则就无法被我们所认识到。也就是说,我们只能认识那些符合我们感性直观形式和知性范畴和概念的事物。最后,我们眼中的自然也不是物自体,因为我们的感性只能接受来自事物表象的刺激,这种表象只是物自体性质的一部分而不是全部,所以我们对自然事物的认识只是根据它们的表象而非它们的本来性质来把握的。也就是说,我们眼中的自然是我们头脑中所具有的先天形式和事物的表象相结合的自然,这是我们所能认识的自然的全部,同时也是我们科学研究中的自然。康德说:“范畴只是这样一种知性的规则,这种知性的全部能力在于思维,即在于把在直观中以

①康德.康德三大批判合集:上[M].邓晓芒,译.杨祖陶,校.北京:人民出版社,2009:48.

别的方式给予它的那个杂多的综合带到统觉的统一上来的行动。”[①]康德指出，范畴可以先天地把法则加诸现象和作为现象全体的自然界之上，事物的普遍联系不是事物所固有的，而是知性的范畴赋予它们的。但另一方面，我们所能经验到的现象都服从于知性范畴的综合运用，所有现象被范畴综合的全部就是具有普遍必然性的现象界的整体，这个整体就是自然，而范畴加于这全部的现象之上的法则就是自然法则。在此意义上，我们可以说，我们知性的范畴为我们的自然界立法。但我们要注意的是先验范畴所规定的一般的自然法则表达为先天综合命题，它们的真理性不依赖于经验，却能反过来给予经验以普遍必然性。需要强调的是，范畴赋予自然的法则性不同于自然科学中的具体的定律，那些定律必须经过经验的途径才能被发现和验证。

康德认为理性为自然立法的主张和经验主义者所坚持的人类的知识受经验制约，人的认识必然受限于认识对象所能提供的认识材料的观点针锋相对。康德强调，在我们的认识过程中，我们并非被动地接受外界的刺激，然后根据外界的刺激做出一些反应，而是所有事物必须首先被置于我们先天感性的直观形式之中，然后被我们的范畴所筛选、整合，才能被我们所认识到。和经验主义的知识观念不同，在康德这里，我们的认识过程的主导者是我们自己，进入我们视野的事物必须符合我们认识的形式才可以被我们认识。通过阐发以自我意识为核心的认识论，康德构建了以人为中心的自然世界观，从而确定了人在自然界的中心地位。人既然可以为自然界立法，那么理性的人也就顺理成章地具有为我们的道德世界立法的资格，于是在伦理学层面，人必然是自由的，并且作为一个自己为自己立法的存在者而自由。

四、先验辩证论

在对知性进行探讨之后，康德将考察的触角伸向了理性。如前所述，我们的知识开始于感官的先天感性形式，进而把材料提供给具有规则能力的知

①康德．康德三大批判合集：上[M]．邓晓芒，译．杨祖陶，校．北京：人民出版社，2009：86.

性，最后达到理性。康德认为，知性的能力在于规则，而理性则可以称为“原则的能力”。[①]知性可以借助于规则把感性提供的现象加以统一，而理性则是使知性的规则统一于某个原则之下的能力。理性既不面向感性，更不朝向某个具体的对象或经验。康德把出自原则的知识称之为“通过概念在普遍中认识特殊的知识”[②]。这样一来，每一个理性的推论都是从一个原则中推出一个知识来的形式，因为它使得所有被归于此概念之下的东西都按照同一条原则而在这种概念中得到认识，也就是说，理性的运用在于逻辑上的推论。康德认为，我们在日常生活中已经对直接认识到的东西和推论出来的东西作出了区分。比如，我们可以直接认识到三条直线构成的三角形有三个角，但如果没有逻辑推论的话，我们就无法知道三个角的和是两个直角。但我们总是习惯性地将推论出来的东西认为是直接知觉到的东西，因而导致了我们以为三角形内角和等于两个直角是直接认识到的。康德认为，每一个推论都可以分为三个部分，首先是每个推论都必须具备一个基础性的命题。其次是一个从基础性命题引申出来的结论命题，当然在这里我们还需要一个推论的程序，因为只有推论的程序才能把结论的真实性和前提的真实性进行连接。根据基础命题和推论的关系，推论被分为直接性推论和理性推论两种。如果推论的判断已经暗含于前面的判断之中的话，那它就是直接推论，直接推论也被称为知性推论。理性推论则与知性推论相反，理性推论产生结论时还必须和另一个判断发生关联，如“人皆有死”这个命题，我们可以从中推出“人都会死，有些人会死，没有人不会死”等直接性的知性推论，却无法推论出“一切有学问的人都是会死的”这个命题。因为“人皆有死”这个命题无论如何推导，也无法包含“有学问”的概念。我们如果想要得到“一切有学问的人都是会死的”这个命题，就必须和其他的判断相关联才可以。我们可以发现，理性推论的第一步是通过知性寻觅到某一规则，并把这个规则当作我们推论的大前提；第二步就是借助我们的判断力把某一知识置入这个规则的条件之

①康德．康德三大批判合集：上[M]．邓晓芒，译．杨祖陶，校．北京：人民出版社，2009：229.

②康德．康德三大批判合集：上[M]．邓晓芒，译．杨祖陶，校．北京：人民出版社，2009：230.

下，这就是我们进行推论的小前提；最后一步就需要我们通过该规则的谓词，先天地通过理性来对我们的知识进行规定，并得出最终的结论。所以在大多数的情况下，结论被我们作为一个判断，目的就在于甄别它是不是一个被我们的思维从完全不同的对象中推理出来的。我们是在知性中寻求这个结论命题的肯定性，看它是否在命题中按照一条普遍的规则处于某些条件之下。如果我们发现了某一条件，并且这个条件又能把结论的客体统摄到自己的规则之下，那么我们就可以声称这个命题是从这个条件对其他知识对象也有效的规则中推断出来的。如上所述，我们就可以得出，我们的理性和知性完全不同，知性是一种对感性的对象提供范畴并以概念的形式对表象进行处理的能力，而理性则在知性之上不断向前，力图以一种普遍的原则性统摄知性统筹下的大量概念。由此，康德说："理性在推论中力图将知性知识的大量杂多性归结为最少数的原则（普遍性条件），并以此来实现它们的最高统一。"①理性在推论时寻求结论命题的普遍性条件，而理性推论自身也是一种判断，只不过这种判断是通过将其条件归摄到一条普遍规则（大前提）之下而已。既然这条规则又要接受理性的检验，那么我们就可以通过不断的回溯探求更高的条件，如此一来我们就会发现一个理性特有的原理，即"为知性的有条件的知识找到无条件者，借此来完成知性的统一"②。

康德在对一般理性的推论功能进行分析后，拈出纯粹理性的概念。康德认为，纯粹理性的概念首先绝不是反思得到的，而只是被推论出来的。这一点与知性概念完全不同，知性概念是先天的、先于经验并且为经验的目的而被思维的；但它们所包含的只不过是对于诸现象就其应当必然地归属于一个可能的经验性意识而言的反思的统一性。唯有通过知性，我们关于对象的知识和规定才是可能的。而关于知性范畴的客观实在性的依据就在于，因为知性范畴构成一切经验必备的形式，所以我们可以在经验中指出它们的存在，并在对一个对象进行认识时体会到知性范畴的应用。而纯粹理性却不会让

①康德．康德三大批判合集：上[M]．邓晓芒，译．杨祖陶，校．北京：人民出版社，2009：232.

②康德．康德三大批判合集：上[M]．邓晓芒，译．杨祖陶，校．北京：人民出版社，2009：233.

自己局限于经验之内，因为它涉及和经验完全不同的知识，任何经验知识严格说来都是理性知识的一部分，现实的经验任何时候都是隶属于理性的。康德指出："理性概念用来统握(Begreifen)，正如知性概念用来(对知觉加以)理解(Verstehen)。"[①]康德把纯粹知性概念称之为范畴，在这里他把纯粹理性以统摄的方式获得的概念称之为先验的理念。

"理念"这一词语的最先使用者是柏拉图。柏拉图将他身处的世界分为可感的领域和理智的领域。在柏拉图看来，可感领域只能得出意见，而无法得出知识，而理智领域却能认识真正的"是者"，而这个"是者"就是知识的确定对象。只有哲学才能获得真正纯粹的知识，因为哲学所使用的方法是辩证法，辩证法虽然必须从假设的定义开始进行推论，但辩证法却可以在推论的过程中不断对命题中的谬误进行祛除，并在这个过程中不断把命题推进到最完善的地步，从而获得最完美的定义。柏拉图自称他的辩证法把假设"当作是一些阶梯和跳板，暂时搭一脚"[②]，一步一步往上爬，到达目标之后就不需要假设的"阶梯"(假设的定义)了。我们可以看到，辩证法完全不使用任何由感官所知觉的东西而只使用形式本身，它从形式走向形式，最后归于形式。这个最终的形式就是统摄一切原则的理念，也是我们理智所能认识的最终本源，那就是善。柏拉图用可感世界的太阳对善加以比喻。他认为，可感领域中最伟大、崇高、美丽的就是太阳，太阳是可感事物生长的源泉。在理智领域，善是作为理智的驱动力而存在的，只有善才能使理智把握对象并形成知识。同时柏拉图还认为，"善"的理念是我们知识的源泉，但我们却无法用任何知识来对"善"进行定义，因为善绝不会只有一个存在的本质，而是包含着一切存在及其本质。抛去康德对柏拉图离开经验的领域盲目地进入经验的彼岸进行探查，最终无功而返的批评的话，我们就会发现康德所考察的理念和柏拉图的理念有异曲同工之处。

在柏拉图那里，理念具有分离性和普遍性两个特征，而分离性表现为事

①康德.康德三大批判合集：上[M].邓晓芒，译.杨祖陶，校.北京：人民出版社，2009：235.

②柏拉图.理想国[M].顾寿观，译.吴天岳，校.长沙：岳麓书社，2010：317.

物对理念的分有，比如我们说这一朵花是美的，那是因为我们在这朵花上发现了它对美的理念的分有。也就是说，我们认为的世界上所有美的事物都是因为我们对“美”这个理念的分有才得到的。也就是说，美的理念是一个普遍性的概念，这有点类似于康德对理性的原则能力的说明，其他美的东西必须要归于这个美的普遍原则之下才能成为美的。但又因为柏拉图的哲学系统中可感世界和理念世界是完全两分的，所以我们在可感世界中发现的美只能从最小的美达到无限接近于理念的美，但永远没有办法和理念世界的美的原型相当。可感世界除了可以对理念世界的理念进行分有之外，还可以进行摹仿，可感世界对理念世界的摹仿是一种类似于技艺的活动。柏拉图据此把摹仿的技艺分为神圣的和人工的，神圣的对应的是造物主级别的存在，而人工的对应的就是人类，神圣的造物主可以对神圣的原型进行摹仿并产生神圣的摹仿物，而人类只能对人工的原型进行复制摹仿制成人工的摹仿物。在此意义上，柏拉图声称，人的意见只是对理念的一种摹仿。柏拉图对两个领域的区分还以一个“洞穴”的比喻进行了详细的说明。柏拉图假想有一批从出生就生活在洞穴中的人，而且他们一直被铁链捆绑着手脚，所以他们不能回头，而在他们背后燃烧着一堆火，不断有人拿着各种器物从火堆前走过，而这些生活在洞穴中的人只能看到各种器具在洞穴中的投影，而且所有生活在洞穴中的人都相信他们看到的器物的投影就是这世界上唯一真实的东西。他们中的智慧者也只是善于发现转瞬即逝的影像，善于记住影像出现的次序，偶尔能猜中墙上将要出现的投影为何物。现在，假设他们中的某一个人机缘巧合挣脱了束缚，当他第一次转过头来看到燃烧的火堆与各种真实的器具时，这个人的眼睛会有一种很不适应的痛苦，而他也会对自己所看到的情况不敢相信，他甚至会认为影子比它们的原物更真实。当他走出洞穴，刚一接触阳光下的世界，便感到眼睛更加难受，比在洞中看到火光时更加让他难以忍受，所以他一开始只能先用眼睛观看处在阴影下的事物，在适应之后再观察事物在水中的形态，慢慢适应后才能真正地观看事物，并最终发现太阳是主宰一切的最终原因。这时这个从洞穴中出来的人才真正体悟到什么是自由，并开始对自己的过往产生悲痛之心，这时这个觉悟者会生出一种对自己洞穴中同伴的拯救之心，并返回洞穴中对他们进行拯救，却发现自己已无法适应洞穴里昏暗的影像，也没有人相信他在外面看到的东西是真实存在的。他不断地和洞穴内的人争论幻象和真理，影像和原型的区分，却无法取得洞穴内其他人的理解，他发现很难说服洞穴内的其他人走出洞穴。非常明显，洞穴内和洞穴外分别象征着柏拉图的可感世界和理念世界，洞内的火相当于可感世界中的太阳，洞外的太阳则相当于理念世界中的太阳——善。获得自由的人看见的是理念，他观看的是知识，获得自由的人从事物的影像再到事物本身，一直到对万物的本原和最高原则的善的领悟就是一个不断上升的过程。

柏拉图洞穴比喻给人以强烈的现实感，人在获得自由的过程中必然要克服身上固有的自然性的束缚，就像生活在洞穴中被锁链捆缚的人一样。我们在追求自由的过程中难免会被与生俱来的一些自然欲望左右而不自知，从而陷入一些不断满足个人欲望又不断被新的欲望所驱迫的恶性循环当中。或许我们在欲望得到满足的那一刻有些许的自由，但马上又被自己新的欲望牵制着朝向下一个目标，并为了实现自己欲望的新目标而把自己的存在状态变成一种手段。但要获得真正的自由对人本身来说也是一个“痛苦”的过程。我们要克服自己身上固有的成见，勇于接受新的事物和观点，并克服内心对新出现事物的惊惧。我们不能像洞穴内的人那样以自己生活在黑暗的世界当中不断捕捉火光下物体的影像为幸福，在面对一些外来的理论时，因无法抛却固有的理论而囿于固有的观念而难以走上达到自由的道路。如果我们把获得自由的人称为哲学家的话，那么按柏拉图的想法，哲学家最高的目标是追求善，因为“那些凡是已经到达了那里的人，他们就不再愿意来处理有关人间的事了，而是，他们的灵魂总是倾向于和盼望着想要不断地停留和优游在这个高度上”①。也就是说，一旦领悟和体会了最高的善，人们所追求的就只是把自己的心灵与善的理念合一，而不再对世俗的生活有任何眷恋。但无论在洞穴比喻中那个逃脱之后获得自由的人还是柏拉图本人最终都返回了“洞穴”对其他人进行救治，这似乎暗示了哲学家的命运，自己获得精神上

①柏拉图.理想国[M].顾寿观，译.吴天岳，校.长沙：岳麓书社，2010：324.

的自由，然后放弃个人思辨的幸福而为洞穴内的其他人谋求幸福，如果要为这种行动命名的话，最适合它的词语就是启蒙。

那个从可能经验的限制中摆脱出来，并且在全部经验的完整综合中提交给理性来使用的范畴被称为“理念”。[①]在康德看来，所有通过知性的表象所进行的综合都是不合法的，因为理性要求一个总体的和无条件的综合。也就是说，理性的理念是用来指涉一个无条件的总体，它包含着其他各部分的一切条件。理性的原则是这样的，如果有条件者被给予，那么其条件的全部总和也必须被同时给予，绝对的无条件者也就必须被给予，它或者是这一总和，或者是其中的某个部分。在探究无条件者的过程中，理念的数目与条件性范畴的数目同样多。

康德在解释先验辩证论时提出了宇宙论的有序的先验理念体系：对一切现象的给予整体进行复合的绝对完备性、对现象中某个给予的整体进行分割的绝对完备性、某个一般现象产生的绝对完备性、现象变化时对某个存有之依赖的绝对完备性。但康德在这里所阐明的绝对完备性并不是在一般的纯粹知性概念的意义上所说的，因为纯粹知性概念只关涉对现象的阐明，康德在这里是把全部现象当作一个给予了的加以考察，而理性则要求这些现象的条件就其构成一个序列而言的绝对完备性，因此要求一个全然完备的综合，通过这些综合诸现象能够按照知性法则得到说明。仔细分析就可以发现，理性在对条件成序列的，不断回溯的追寻中所指向的就是无条件者。所谓无条件者，也就是此条件不再需要任何其他条件作为序列前提的完备性，但这种无条件者严格说来只是存在于我们想象中序列的绝对总体性，这种看似完成了的综合只能作为一个理念而存在。因为如果我们只通过知性的纯粹概念而不需要感性直观的条件的话，我们就可以说，对一个给予的有条件者也就给予了诸条件的整个序列。这个序列是相互隶属的而自成系列的，但我们知道，知性范畴的运用必须建立在感性现象的基础之上，所以，当我们把这种绝对完备性放在现象中考察的话，就会发现它必须通过对直观杂多的完备的

①康德．康德三大批判合集：上[M]．邓晓芒，译．杨祖陶，校．北京：人民出版社，2009：305.

相继综合才能被给予,而当这种无条件的完备性必须建立于感性直观之上时,它的可能性是让人存疑的。因为当我们对一个感性直观的前提进行综合考察时,就会发现在它之前还会有一个作为它的原因的前提,而这个作为原因的前提总还能寻找到一个作为自己原因的前提。理论上说,如果我们可以穷尽一切作为前提的原因,我们就能寻找到无条件者,但现实却对我们的这种方式给予了限制,作为有限存在者的我们无法真正穷尽所有的前提而达到无条件者。不过我们可以肯定地说,这个无条件者应该属于理性,却没有相应的经验概念与之相符合。所以,到现在为止,我们对无条件者只能进行设想。

关于无条件者我们可以有两种设想,第一种就是把无条件者从整全性的意义上进行定义,即整个序列中的第一个条件都是有条件的,而这个序列的全体的结合却产生一种无条件性。就整个序列来说,它是无条件的,但就每个序列的组成部分来说它们又是有条件的,是这个序列的派生物,但这样一来我们对原因的追求就将是无限的。在这种整全性的序列之下事物没有开端,空间没有边界,时间没有初始。第二种就是把无条件者作为这个序列的一部分,作为这个序列的开启者,其他各项序列都隶属在它之下,但它本身却没有任何需要从属的东西。第二种情况下这个序列的第一项就时间而言就叫作时间的初始,就空间而言就叫作宇宙的边界,就原因而言就叫作绝对的自动性,即自由。我们可以看到,自由在这里作为因果链条的无条件者是绝对无条件的。康德说:“发生的事情的条件就叫做原因,而在现象中原因的无条件的原因性就叫做自由。”[①]在康德看来,所谓自由就是没有任何条件的原因。作为物理世界和道德世界双重身份的居民,一方面我们所处的世界可以用综合来把握所有现象,进而达到无条件的绝对性。但另一方面我们所处的物理世界(自然世界)是处在自然因果律的有条件的原因推动和驱使之下的,所以当我们身处自然当中时,无论我们是运用自然的因果律还是受困于自身的自然因素,我们都无法获得真正的自由,也无法享受到真正的幸

①康德.康德三大批判合集:上[M].邓晓芒,译.杨祖陶,校.北京:人民出版社,2009:311.

福。比如,我们可以为自己拥有很多钱而不再需要工作感到所谓的自由和幸福。但这却不是康德认为的自由,因为在这里钱成了我们感觉自由的前提条件,当我们失去自己的钱,自由也就无法得到了,幸福也就没有立足之地了。即当我们的自由或者幸福建立在有条件者之上时,至少在康德面前,我们没有资格说自己得到了自由。因为真正的自由,如康德所说只能是没有任何条件的。这也就意味着,我们在物理世界中是无法达到自由的,因为物理世界受制于自然规则的相对条件性,而康德对自由的看法是摒弃了任何条件性的。我们知道,我们对自然世界的认识是从感性的刺激开始的,而知性范畴的启动是必须从感性中得到相应的材料,感性和知性的发动都是有条件的,所以感性和知性对无条件者均没有发言的权利,唯有理性才能承担起对无条件者研究的任务,这也预示着人类的道德世界中的自由,只有在理性中才能找到,只能在意志的自律中才能真正地实现。康德只是把纯粹理性的研究作为道德世界建立的基础,如前所述,我们的理性对无条件者的研究已经扩展到对所有现象的一种综合上去了,而我们的理性如果冒险把自己的研究领域扩展到经验对象的边界之外,就会产生一些无法被经验证实,而且经验也无法予以驳斥的原因。这些原因偏偏在理性的本性中又能找到自身得以成立的理由,这就产生了一种奇怪的现象:某种理性的统一性的条件按照知性的规则综合应当与知性相一致,但从这种综合的统一性上来说它又应当和理性相一致。但现在我们面临的情况是,当它和知性相一致时无法满足理性的要求,而当它和理性相符合时又超越了知性所能把握的界限,这就产生了理性的二律背反。下面一章我们将主要对纯粹理性的二律背反的第三对二律背反进行阐明,并对康德自由理论的第一个面相进行研究。

第二章　主体作为原因开启者的自由

康德在纯粹理性批判中列举出了四对二律背反，第一对二律背反讨论时间和空间问题，正方的观点是时间有开端，空间有边界，反方的观点是时间没有开端，空间没有边界。第二对二律背反探讨实体是否可分的问题，正方的观点是每个复合体都可以无限细分最终达到一种单纯的东西，反方的观点是世界上没有复合之物，同样也不存在所谓单纯的东西。第三对二律背反主要讨论因果问题，正方的观点是自然的因果律并不能成为解释世界上全部现象的因果律，这个世界上必然有异于自然因果律的因果律存在，反方的观点是除了自然因果律之外这个世界上寻找不出任何其他的因果律。第四对二律背反对绝对存在者进行说明，正方的观点是这个世界上有一个必然的存在者，它可能以世界的一部分，也可能以世界的原因而存在着，反方的观点是无论在世界之中，还是在世界之外，都没有任何必然的存在者存在。

这四个二律背反为人类提供了所有的人类理性能够展望和期待的最终归宿的基础。这四对二律背反所处理的问题如下：时间是否有一个开端以及空间是否有一个边界；是否有某种在自然界或我的思维中存在的不可再分的单一物；我们的行动是完全自由的，还是根本难以摆脱自然因果律的控制和纠缠；我们所在的世界到底有没有一个超越于人类之上的存在者存在着。在康德看来，这四对正反相对的命题中包含了一种只有哲学才能拥有的尊严，因为其他学科都无法为这四个问题提供相应的答案，而唯有哲学才能在这四个问题上有自己独到的主张。

虽然四对二律背反的正反题均能在理性中找出相应的依据，但它们却集聚了人类理性所能研究的终极的问题，这些问题从某种意义上来说也是作为理性存在者的人类所特有的问题，而这些问题的源头在理性，发掘者和解答者是哲学家。在此意义上我们可以说，相对于其他科学，哲学充分彰显了人类作为理性存在者的尊严。我们在此讨论的是自由问题，所以下面我们将只对第三对二律背反进行详细的研究。

一、二律背反中自由问题的提出

作为先验理念的第三个冲突，第三对二律背反的正题是自然的因果律并不足以承担对世界中的全部现象进行原因性解释的任务，为了解释某些现象，我们必须假设我们自身拥有一种完全超越自然因果律的自由。

康德对正题的证明是从对假设自然因果律作为我们唯一的因果性，除它之外没有其他任何的因果性存在出发的。在这种假设之下，我们所处的世界中一切发生的事情必先指向一个在先的前提，而发生的事情则按照某种规则必然地跟随在这个前提之后发生。这里我们要注意的是，这个在先的前提也是在时间中才得以发生的，如果它的存在可以超越时间的范围，那么它就不会在时间中作为某个结果的原因而存在。所以这个作为原因的前提必然也是某种在先的原因所导致的结果，按照我们一开始的假设，它必然也要以某种在先的前提及结果作为前提。如此反复，在自然律的作用之下，我们会在对原因的追溯中陷入无限的向前一个原因回溯的过程。当然，我们可以在这个因果序列中寻找到一个特定的开始，但永远不能有一个最初的开始，所以我们所寻求的序列的完备性永远无法实现。在自然律的作用之下，这个序列永远向前一个作为前提的原因状态敞开着，那么这个我们推论的假设在“其无限制的普遍性中就是自相矛盾的”[①]。因为我们一开始假定自然因果律作为我们唯一的因果性，那么自然因果律对我们就有一种在其因果性的作用之下一个序列完备性的承诺。而现在我们发现在完全的自然因果律的作用之下，我们陷入了对原因的无限回溯当中，如此就导致这个序列的完备性无法

①康德.康德三大批判合集：上[M].邓晓芒，译.杨祖陶，校.北京：人民出版社，2009：328.

实现，而这种状况和自然因果律向我们允诺的情况完全相悖。如此一来，作为自然律的因果性就不能以唯一的因果性面目而存在。那么解决这一矛盾的途径是什么呢？那就是我们要“假定原因的一种绝对的自发性”[①]。这种自发性含有一种无条件的绝对的初始性，亦即按照自然因果律发生的现象序列全部从它开始，这种自发性可以担当起自然因果律的绝对的第一原因的任务，这种自发性就是自由，康德在这里称之为“先验自由”[②]。这种先验自由构成行动的绝对自发性的内容，又因为独立于自然的因果律之外，所以它只能是先验的。上述证明过程表明，我们必须赋予一个现象序列在世界范围内从自由中首次开始的必然性，这种自发性表明了我们拥有一种完全自发地开启一个序列能力的可能，所以康德认为可以“斗胆在世界进程当中让各种不同序列按照原因性自发地开始，并赋予这些序列的诸实体以一种自由行动的能力”[③]。“不同序列”也就意味着，必然有一种不同于自然因果律的原因性，亦即自由的原因性存在。

在此之前，康德认为我们的认识活动从感性的直观开始，到知性的范畴形成概念，再到理性对知性概念的条件的不断统摄从而达到更大的统一。我们可以知道，感性受制于外界事物的表象给予我们的刺激，知性依赖于感性所提供的材料以及自己的先天范畴，而理性则需要知性的概念才能有所作为。也就是说，我们的整个认识活动严格说来都是不自由的，因为它们都受限于自然的因果律，我们认识的结果只是外界事物的表象加上我们主观固有的先天感性知性理性形式的混合，缺少它们中的任何一个，认识活动就难以实现。在此意义上，认识论意义上的理性并不自由，但在理性的二律背反的探讨中，我们觅得了一个给予我们人类这个实体一种自由行动能力的契机，这种自由行动的能力独立于自然的因果律之外，赋予我们自由。康德举例

①康德．康德三大批判合集：上[M]．邓晓芒，译．杨祖陶，校．北京：人民出版社，2009：328.

②康德．康德三大批判合集：上[M]．邓晓芒，译．杨祖陶，校．北京：人民出版社，2009：328.

③康德．康德三大批判合集：上[M]．邓晓芒，译．杨祖陶，校．北京：人民出版社，2009：330.

说，一个人可以完全自由地、在不受任何自然原因的必然规定影响的情况下从椅子上站起来。这个站起来的事件连同其无限的自然后果一起，就会绝对的开始一个新的序列。虽然从时间上来说，站起来之前必然有一个先行序列在时间中已经展开，不管它们是按自然因果律或者其他的方式，但站起来这件事情本身却未受到任何自然因果律影响，是由人自己自发的决定而采取的动作。这个自发站起来的动作作为绝对的原因性必然有后续的自然后果相伴随，但站起来这个自发性的行动就是这些后续的自然后果的绝对原因。换句话说，我的行动开启了一个序列，并使这个序列成为完备的。在此种境况之下，我们可以说，我们是自由的。二律背反的精妙之处就是反题和正题一样也有充分的理性依据，我们的自由仅是在正题中得到证明，但反题的结果却并不尽如人意，所以要对真正的自由进行研究的话，我们就必然要解决反题所带来的挑战。下面我们就进入对反题的探讨。

第三对二律背反的反题认为没有什么是自由的，世界上一切东西都只是按照自然规律而发生的。康德首先假设有一种先验理解中的自由作为一种特殊的因果性在起作用。这种假设恰好是我们正题的结论，也就是说我们有一种绝对的开始状态，且拥有与此状态相关联的诸后果的能力。但如此一来，就不单是一个序列将通过这种自发性而绝对的开始，而且是产生这一序列的原因也需要绝对的开始，所有的原因和结果都将绝对的在时间中开始，我们除了绝对的开始之外就失去了应有的因果序列。因为我们行动的第一个开端都是以尚未行动的原因的某种状态为前提的，这导致我们行动的原因与那种先行的原因没有任何因果性的关联。这种先验自由让因果性的序列之间出现了断裂，在此状态之下，我们经验的统一性是不可能达到的，所以这种先验的自由只是一个空洞的观念物。

在这种诘难之下，先验自由由于对自然因果律的割裂和与经验统一性的现实不符而失去立足之地。在此情况下，我们所拥有的就只不过是自然界，而我们必须从自然界中去寻找我们所处世界与先验自由的关联和秩序。在自然因果律的作用之下，我们必须从自由中强制解放出来，并摆脱一切自由规律的引导而完全听从自然的因果律，而在自然的规律之中是寻找不到自由的，因为自由的本性就是不受任何规律的规定，所以在自然的规律之下寻找到的自由不是自由，而只能是自然。在这个问题中我们可以发现，自然给知性提出了一个到原因序列的最高处寻找世界上所有现象的原因的任务，但自然同时也对知性做出了经验的符合自然律以及现象的完整的统一性承诺。这样，先验自由的境遇就有点不妙了，因为先验自由虽然在对知性的原因研究上提供了一个暂时的栖息地，但它把知性带到无条件的因果性的道路上。这种因果性拥有从自身发动行动的能力，但由于它本身是盲目的，所以又中断了自然因果律的作用效果，可是一旦失去这种自然因果律的作用，我们想获得对整体的原因序列和现象的整体把握是绝无可能的。

康德认为，我们在必要时可以为世界添加上某种先验自由的能力，但这种能力的作用范围却只能存在于世界之外，也就是说，这种先验自由的能力只能存在于自然律所作用的范围之外。但康德告诉我们对世界的认识遵从由感性到知性再到理性的次序，我们的一切知识都必须建基于在知觉中被给予的现象，因而先验自由在自然律起作用的经验世界中只能作为一种假设而存在，这种假设对纯粹理性来说是一种超出其权能之外的任务。所以在世界本身之内赋予诸实体以先验自由的能力是不能被允许的，因为这种能力产生的后果就是自然的那些根据普遍规律相互必然规定着的诸现象的关联以及经验性的、真理的标志全部都会丧失。如此，我们将无法思考自然，因为自然规律将会由于绝对自发性的先验自由的作用而不断被改变。

我们看到，在先验自由和自然因果律势如水火的状态中，先验自由被完全否定，我们在正题中取得的成绩“灰飞烟灭”，自然因果律在经验世界的诸现象的关联、统一性方面不断提醒着自身的存在，如果我们放弃自然的自由因果律，那么我们将失去整个经验世界。确切地说，康德用先验的感性、知性以及理性所构筑出的现象的世界大厦将被倾覆，我们要么跌入怀疑主义的深渊，宣称经验世界只是我们一系列感觉的累积，因果关系只是我们内心的一种习惯而已；要么走上独断论者的道路，认为我们的认识要符合经验世界，因果关系的无条件者只能作为第一推动者而被独断地假设出来。我们想要一个因果链完全断裂的世界，还是一个因果律起着整合和联动作用的世界呢？站在认识论的角度，我们别无选择，我们需要自然的因果律，因为它为我们的世界提供了稳定性的支撑，而这种稳定性的支撑是我们其他一切活动的基础，没有这种稳定性，我们在经验世界中将无所适从。

反题的结论是我们没有先验的自由。但如同经验世界诸现象的关联和统一性不断向我们昭示着因果律的重要性一样，先验自由在我们生活的世界中也在我们的意志中不断地被发现。康德在正题中说，此时“我”可以自己决定从椅子上站起来，而且这个站起来的动作具有绝对的自发性，这个动作断绝了所有自然因果律对“我”的作用。我们也可以说，此时“我”决定不从椅子上站起来，而且这个不站起来的动作也是完全的出自“我”的自发性，这个动作中我们作为一个完整序列的开启者成为后续一切结果的原因。我们可以自主决定自己从椅子上站起来还是不站起来，我们可以在面临危难时趋利避害地保全自己，但我们也可以凭着意志的自由力量而选择放弃自己的生命保全他人。反题的结论尽管在逻辑上让人无可挑剔，但结果还是令人感到十分沮丧，因为我们的个人意志不断向我们重复，显示我们是自由的。我们拥有自由在经验层面上对每个人来说都是不争的事实，因为如果没有自由，我们的行为就会完全被自然的因果律所支配，我们就会和物理世界中的所有自然物一样，以我们身上的自然性面对我们所处的世界，处理我们面临的种种问题。但这样的存在状态已经不能算作是人的存在状态，因为人是理性的动物，如果我们的行为全部受身上的自然性方面的控制，那么我们就会失去道德世界的公民资格，并沦为物理世界的动物。

但无论是正题还是反题的结论全都出自我们的理性，而且它们都具有无可辩驳的正确性。我们禁不住要问：我们的理性到底哪里出了差错，竟把我们的自由置入此种尴尬的境地。想要解决此问题我们还是要回到二律背反，首先我们要寻找出理性在二律背反中出了什么问题，然后再讨论我们的自由是否有实现的可能。

在康德看来，正题的主张在对现象序列进行经验性的解释之外，还把自己从一切经验性的东西中剥离，它们从经验领域向上腾飞，为经验的世界寻求一种智性的基础。也就是说，正题在自然的因果律之外，还在寻求另外一种和自然因果律并驾齐驱甚至超出自然因果律之上的规则，从而力求证明世界的规则不是单一的。康德称正题为“纯粹理性的独断论”[①]。正题对于我们来说有如下的好处。第一，在实践的方面，我们可以说自己是自由的并且让自己脱离自然因果律的驱迫，甚至独立于自然因果律之外来行事，而这是我们道德的基石，毕竟不拥有自由的人有什么资格来谈论何谓道德呢？第二，在思辨的方面，因为我们如果对先验的自由理念加以合理的接受和运用的话，我们就可以完全先天地把握诸条件的完整链条，并从绝对的无条件者开始给予有条件者合理的地位，同时可以在逻辑上对有条件者的由来进行自洽性的解释。第三，正题非常适合普通知性的习惯，因为知性擅长不断向前推进到后果，即对原因的不断前溯，并以寻找到绝对的最初的东西的概念而感到满足。

反题则与正题完全相反，反题的主张不仅在解释世界中的现象，而且在化解有关自由的理念时，一直使用着完全一模一样的思维方式和完全单一的准则，康德称反题为：“纯粹经验论的原则”[②]。首先，我们在反题里寻觅不到道德的基石——自由，因为在一切服从自然律的原则之下，我们只是自然链条中的一环，没有从自然因果律脱身的任何可能性，经验论的原则夺走了我们自由的基础。其次，反题让我们从一个给予的开端上升到另一个更高的开端，每个部分都把我们引向一个更高的部分，一个发生的事件总有另外的事件作为它的原因，一个存有的条件序列必须以另一个条件序列为条件和依据。无论何时我们都无法获得无条件者的支撑，都无法拥有整全式的因果序列，世界总是处在欠缺之中，不确定的因素也会不断地增加，理论有时只能建立在众多的假设之上。再次，反题总是处于从有条件者到无条件的无休止的上升当中，而且这种上升过程中的缺口永远无法加以弥补，这对理性来说是一种折磨。但经验论也有一个好处，那就是经验论者可以一直处于纯属可能的经验领域中，并在这个基地上探究那些可能经验的规律，并在此规律上

①康德．康德三大批判合集：上[M]．邓晓芒，译．杨祖陶，校．北京：人民出版社，2009：340.

②康德．康德三大批判合集：上[M]．邓晓芒，译．杨祖陶，校．北京：人民出版社，2009：340.

扩展我们的知识，并且由于知性只在自然因果律的链条中行事，所以它不会离开自己特有的基地——经验，而走向理念。正是由于这一点，经验论者绝不会允许我们把独立于自然规律的绝对的自发性作为根据。

康德最后对正反两题做出了总结："这就是伊壁鸠鲁主义和柏拉图主义的对立。"[①]我们说，这是理性的独断论者和经验主义者的对立，是经验论者的自由理论和柏拉图主义的自由理论的对立，是必然和自由的对立，是关于这个世界是我们唯一的世界还是我们除了此岸的世界还拥有一个与其相对立的彼岸世界两种认识的对立。我们可以看到，独断论者承诺了一个理念的世界并为我们的道德实践提供了基础，从而为我们构筑一个有别于自然世界的道德世界提供了有力的支撑；而经验论者则用对理念世界的鄙弃和对自然因果律的推崇而只对现实的自然世界予以承认。在独断论者看来，我们必然拥有自由；而在经验论者看来，我们只是必然性链条上的一环。二者对立的关键在于在经验世界之外，或者说，在康德所说的现象世界之外，我们还有没有一个彼岸的或物自体的世界。如果说这个世界存在的话，我们有什么证据表明我们具有了真正的窥视物自体世界诸般事物真实面目的能力。经验世界的因果律是我们必需的，要不然我们就只能拥有断裂的，非完整的世界；绝对自发性的自由也是我们所需要的，否则的话我们就会失去人作为意志存在者的资格。我们需要尊重自然的因果律，但我们同样需要绝对的自由，那么我们怎么样才能二者兼得呢？

二、自由的调解性原则

康德认为，产生二律背反的原因在于我们遭遇了一种"辩证欺骗"[②]。在康德看来，理性的二律背反的论证过程如下：大前提是如果有条件者被给予了，那么它的所有条件的整个序列也就被给予了；小前提是现在感官对象作

①康德．康德三大批判合集：上[M]．邓晓芒，译．杨祖陶，校．北京：人民出版社，2009：343.

②康德．康德三大批判合集：上[M]．邓晓芒，译．杨祖陶，校．北京：人民出版社，2009：358.

为有条件者被给予我们了；结论是它的所有条件的整个序列也就被给予我们了。这个三段论推理的大前提是如此的清楚明白，以至按照这些条件序列方面的差异而引入了不同的理性宇宙论理念，这些理论设置了这些序列的绝对总体性，并因此使理性不可避免地陷入自身的冲突之中。

就自由来说，如果有条件的自由以及它的条件都是先验的，肇始于物自体的，那么当有条件的自由被给予我们时，我们就有一个对自由的序列进行追溯的任务，因为自由概念本身已经暗含着必然和一个条件相关，但如果让自由得以自由的条件又是有条件的，那么我们将会追溯到一个更远的条件，直到对这一自由的序列进行贯通。所以这个对自由的追溯本身只是一个理性逻辑上的设定，理性要通过知性对一个概念以及与此概念相关联的条件进行追踪，并尽其所能地对已加在这个概念上的条件联结加以延伸。我们还要注意的是，无论是自由还是与自由相关的条件，如果它们都是自在之物本身，那么当自由作为有条件者被给予我们时，我们对自由的条件的追溯任务就是理所当然的。既然自由是有条件者，那么它的条件是什么呢？这是必然会被询问的问题。但和自由相关的条件也已经现实地一起被给予了，因为我们已经有了有条件的自由。如果没有这个条件，那么自由就是不可能的。有条件的自由得以可能的原因就在于它的条件，并且这种情况适合于自由序列的一切项，亦即每一个有条件的自发性之所以能被给予，就在于它的条件已经被给予了我们。所以在自由的整个完备序列中，自由的绝对自发的无条件性也同时被给予了，但这个无条件者是作为整个序列的有条件者的面目出现的。换言之，这里出现了一种预设，既然有条件的自由在被给予时，它的条件同时被给予了我们，那么无条件的自由被给予时，它的无条件也应该同时被给予了我们。在这里我们已经预设了那个曾经只是通过整个序列才有可能的自由已经被给予，但在这里自由作为有条件者和它的条件的综合是一个单纯知性的综合。康德说："知性把事物如同它们所是的那样来表现，而没有注意到我们是否能够和怎样能够获得这些事物的知识。"[1]在这里，知性对

①康德．康德三大批判合集：上[M]．邓晓芒，译．杨祖陶，校．北京：人民出版社，2009：358.

有条件者的条件进行追溯,这种追溯是知性的本领,并且在对有条件者的追溯中知性是能够胜任的。如,一棵苹果树结出了又红又大的苹果,另一棵却一个苹果也没有结。我们的知性会研究它们之间出现差别的原因,并追溯出结出累累果实的苹果树是以农人辛勤施肥,科学剪枝,按时杀虫等作为条件的;而另一颗没结出一个苹果的原因在于无人照料,病虫害肆虐。追溯出苹果树没有结果的原因之后,我们可以用很多种办法对苹果树进行重新培植并让它结出果实。这种在经验世界中对因果律的追溯,知性是可以担当起来的,但一旦超出知性的范围,达到超验的畿域,知性依然只能按照事物在知性中那样来进行处理,根本不考虑我们是否有可能像在经验世界中那样对这个事物的知识进行验证。当然,在对经验世界有条件的自由进行追溯时,知性不会有什么问题,因为这就是它本身具有的权能,但一旦到达先验的自由问题时,知性依然像处理它在知性领域中有条件的自由那样来处理无条件的自发性,便超出了它的能力范围。知性只能尽其最大所能,按照经验世界的因果追溯原则对无条件的自由进行追溯,这种追溯必然导致理性的二律背反。经验世界的有条件的自由和超验世界无条件的自由被同一个知性按照相同的规则进行处理,就像生活在海洋中的鱼被放到一个充满淡水的鱼缸中去养一样,其结果是可想而知的。

当我们和现象界中有条件的自由打交道时,因为这些自由的现象作为单纯的表象,是属于经验世界的,我们可以先掌握导致这种自由的原因,也就是说我们可以在经验世界中对这个自由的起因进行验证。如,被捆缚在椅子上的人绝不能声称自己有站起来的自由,而没有被捆在椅子上的人拥有从椅子上站起来或不站起来的自由,因为在现象的自由当中,我们拥有经验世界的种种测定手段来确定自己是否拥有自由。作为现象的经验性的自由在这个过程中无非是一种处于空间和时间中的经验性的综合,而这种自由及它的条件也只有在这种经验性的综合中才被给予。但我们绝不能宣称,如果有条件的自由作为现象被给予了,那么构成它的经验性条件的那个综合也一起被给予和预设了。因为经验性自由的条件只有在回溯中,而且唯有在回溯的过程中才能发生。比如,我拥有不想说话时可以不说话的自由,因为我刚才在需要说话的时候没有说话，也就是说，我不想说就不说这种现象的自由的获得是建立在对我刚刚应该说话时却并没有说话这件事情的回溯之上的。我不想说话就不说话的自由是和我刚才确实没有说话这个事件紧密联系在一起的，而我不想说话就不说话这个自由就是在经验中有条件的自由。

由此可见，关于自由理论的推论的大前提是在某种纯粹范畴的先验意义上对待有条件的自由的，但小前提却是在一个运用单纯现象的知性概念这种经验意义上来对待它的，这是一种辩证的欺骗，但这种欺骗不是人为的，而是“普遍知性的一种完全自然的错觉”①。通过这种错觉，当自由被作为有条件者而被给予时，我们就在大前提中不假思索的预设了自由的诸条件及其序列，但这只不过是对一个自由的结论假定一些完备的前提这种逻辑上的要求，而且这种逻辑上的联结不是在任何时间中展开的，在这里有条件的自由和它的条件是被同时给予的。但不容我们忽视的是，有条件的自由以及它的条件的综合乃至条件的整个序列在大前提中根本没有受到时间的任何限制，也不带有任何前后相继的概念。也就是说，大前提中的自由序列是在脱离时间的状况下而被给予的。

在小前提中，我们把各种自由的现象看作自在之物，同样也把自由看作是给予了单纯知性的诸对象，但我们把在自由对象的名下才能被给予的直观条件都抽掉了，在自由的现象中被归摄在小前提情况下经验性的综合及其条件序列必须前后相继地，并仅仅在时间中一个一个地才能被给予。所以，在这里我们不能像在大前提中那样预设对自由的综合及由它所表现出来的序列的那个绝对总体。

现在我们已经知道，在大前提中我们得出的结论是建立在完全纯粹的先验意义的基础上的，大前提中我们根本不顾及自由概念在时间中展开的必要性，而是直接地把有条件的自由及其条件全部给予了出来，而不管它们能否在时间中被展开和追溯。同样的，在小前提中的自由现象必须在时间序列中才能得以展开，并仅仅在时间中才能一个一个地被给予，但我们却把这些需

①康德．康德三大批判合集：上[M]．邓晓芒，译．杨祖陶，校．北京：人民出版社，2009：358.

要在时间中展开的现象从时间中抽离，从而把自由的现象当成了先验的自由概念。对此情况，康德说："这种幻相来自于我们把只被看做自在之物本身的条件的那个绝对整体性的理念应用到了现象之上，而诸现象只是在表象中实存，而当它们构成一个序列时则只在前后相继的回溯中实存，否则就根本不会实存。"[①]对自由的二律背反问题的解决方法就隐藏在这段话里面，既然我们把先验自由的理念应用到自由的现象之上会导致自由的二律背反，那么我们现在把正题仅用于先验自由和现象自由的关系上面，把反题仅用于自由的现象的处理上面，自由的二律背反问题是否就能解决呢？答案是肯定的。

康德解决这个问题是从世界是有限的还是无限的这个问题开始的。康德认为，如果我们把"世界在量上是无限的"和"世界在量上是有限的"看作是相互矛盾的两个命题的话，那么我们就假定了这个世界，亦即现象的整个序列是自在之物本身。因为无论我们在世界的现象的序列中取消了无限还是有限的回溯，世界仍然保持着。但如果我们去掉这个前提并否认它是自在之物本身，那么这两种主张的冲突就变成了一个单纯辩证的冲突。如果我们所处的世界根本不是自在的，那么它既不是自在的无限的整体，也不是作为自在的有限的整体而实存的。它只能从对经验世界的现象序列的回溯中被发现，而根本不可能在自在的自身中被发现。在此意义上我们可以说，如果这个世界任何时候都是有条件的，那么它永远不会完整地被给予，因此世界也决不是无条件的整体，不能作为无限的量的世界，也不能作为有限的量的世界而实存。

这个结论同样适用于自由序列，如果自由的条件序列只有在回溯的综合本身中，而不是先验自在的作为某种先于一切回溯就被给予的特有事物的现象中才能被我们发现，我们只能说，我们是自由的，也是不自由的。因为我们自由的现象决不是先验的自由实存之物本身，而我们自由的现象必然是通过对因果进行分解和综合的回溯，并且只有在这种回溯中才能被给予。而这种回溯因为需要分解到综合，再分解再综合如此往复的过程，使得我们对自

①康德．康德三大批判合集：上[M]．邓晓芒，译．杨祖陶，校．北京：人民出版社，2009：362.

由的追溯永远也不是绝对的完整的,所以我们既没有被给予自由,也没有被剥夺自由。康德说,我可以从椅子上站起来,所以我是自由的,但如果让我从椅子上站起来的自由并不是一种绝对自发性的先验的自由,那么我就需要在自由的现象——我从椅子上站了起来——中追溯自由的原因,但在物理世界中这种追溯永远也达不到对原因的绝对完整性把握。但我从椅子上自发地站了起来已经发生了,所以我是自由的,这也是一个不争的事实。在这个例子中,我们可以说,我们没有自由,因为我们找不到让我们站起来的绝对的自发性并提供关于这个自由的完整序列。但同时我们也可以说,我们拥有了自由,因为我确实是由自己的意志进行了思虑和抉择,最后自己决定站了起来,有可能旁边的人用各种手段对我进行威逼利诱不让我站起来,但我还是自由地站了起来。

如上所述,我们可以宣称,自由是辩证的,自由问题是一种幻象。在此意义上,康德指出,所有的二律背反均源于一种假设:“诸现象或把诸现象全部都包括在自身内的感官世界就是自在之物本身。”[①]在康德看来,所有的二律背反之所以产生原因就在于我们把自在之物的观念应用到了现象世界之上。那么我们能否找到一个防止我们的理性重蹈自身幻相覆辙的办法呢?康德尝试了一种方法,他称之为“理性的调节性原则”[②]。康德认为,既然我们通过总体性的理性宇宙论原理没有在一个作为自在之物本身的感性世界中给出诸条件序列的任何极大值,那么只能在对这些条件的回溯中将这种极大值作为任务。康德把对绝对的无条件的追求转换为任务,这是一种对纯粹理性原理的一种校正。通过这种将绝对的无条件者的追求当作一个任务的转换,我们不再把客体中的总体性当作现实的来思考,而是作为对知性,也是对主体所提出的一个问题。这样我们就可以按照理念的完备性在对一个给予的有条件者的诸条件序列中进行并继续进行回溯。在我们的感性世界中,亦即经验世界中,我们对现象的每一个原因的追溯都会达到另一个有条

①康德.康德三大批判合集:上[M].邓晓芒,译.杨祖陶,校.北京:人民出版社,2009:363.

②康德.康德三大批判合集:上[M].邓晓芒,译.杨祖陶,校.北京:人民出版社,2009:364.

件的原因,因为它们绝不可能是自在的绝对自发性的自由,而只是自由的一种表象,这些表象任何时候都必须在感性的直观中和时空的限制中去发现限制它们的那个条件。所以严格来说,这条理性的原理只是一个规则,它在给予的诸现象的条件序列中,"要求一个永远也不允许停留于某个绝对无条件者之上的回溯"[①]。这条原则是回溯性的,所以它可以适用于我们的经验世界,由于它永远也不允许停留,所以它总是超出任何经验性的边界,而不在任何经验中停留,同时由于它不许自己停留在对无条件者的追溯之上,所以它也不是理性把感性世界的概念扩展到超出经验世界之外的构成性原则。这个原则的着眼点只是对经验进行最大可能的延续和扩展,这样一来,任何经验性的边界都不再被看作绝对的边界,作为一个调节性的原则,它作为规则而"设定在回溯中应当由我们做的是什么,而不是去预测在一切回溯之前在客体中自在地给予了什么"[②]。和调节性的原则相对,康德还提出了构成性原则。构成性原则追求在现象中自在的本身被给予的诸条件序列的那个绝对的总体性原理,它追求感性世界的概念和经验世界之外的即本体世界的概念的一种联结。凭借这条原则,绝对总体性的一个只是在自己本身中造出来的单纯概念就会被用于去推想一个在任何经验中都不可能被给予的对象,与此相关的现象序列就会被赋予某种不依赖于经验性综合的客观实在性。构成性原则根本不顾及它们二者之间的差别,而是直接在经验世界中应用自在的概念并展开对绝对的无条件性的追求,并对序列的完备性提出最严格的要求。

我们要注意的是,理性理念将只给条件序列中的回溯性综合颁布调节性原则。按照这个原则,综合必须从有条件者开始,并借助于和有条件者相关的条件向无条件者进发,但它绝不停留在某个无条件者身上,而要在不断的回溯中朝向一种永不完备的序列。那么,什么叫作永不完备的序列呢?康德认为,人们对序列有两种说法,数学家们喜欢谈论 progressus in infinitum(拉丁

①康德.康德三大批判合集:上[M].邓晓芒,译.杨祖陶,校.北京:人民出版社,2009:364.

②康德.康德三大批判合集:上[M].邓晓芒,译.杨祖陶,校.北京:人民出版社,2009:364.

文,意为“无限递进”),而哲学家只同意有 progressus in indefinitum(拉丁文,意为“不限定的递进”)。但对一条直线来说,它可以延长到无限,在无限递进和不限定的递进中,两者就没有什么实际的区别了。“无限地”意思是你应当永远不停地延长它,而“不限定地”意思是只要你愿意,你就可以尽量远地对这条直线进行延长。如果我们只谈论能够,那么无限递进的说法就是正确的,因为我们能够无限地使这条线越来越长,而在我们谈论从有条件者向无条件者进展的情况下,事情也是如此,这种可能的进展在诸现象的序列中朝向无限。如,一对父母可以在生育的世系中无止境地进展,并且我们可以设想,由这对父母开启的世系也是这样现实地在世界上进展的。但理性并没有提出对序列的绝对总体性的需要,因为它没有把这种总体性预设为条件,而只是把应该预设为总体性的预设置换成了某种有条件者,而这种有条件者是可给予的,并被无止境地增加着。

在此我们就可以发问,既然这个序列可以无限地进展,那么这个被给予的有条件者通过一个序列上升到诸条件的过程会伸展到多远,我们是否可以说这是一个向无限的后退,还是只能说它回溯到了不可确定的远的地方。如上例所说,我们是否可以从一对夫妇向上追溯他们的祖先而上溯到无限,还是我们无论追溯得多么遥远,我们都无法用一个经验性的根据作为这个序列的边界。

在此意义上我们可以说,如果在经验性的直观中整体被给予了,那么在它的内部诸条件序列的回溯就会进行到无限。但如果只有这个序列中的一项,即这个回溯首先应当从它出发进达绝对总体性的那一项被给予了,那么所发生的就仅仅是向不确定的远的后退。这样一来,关于其边界之间已被给予了的物体的分割就必须进至无限,因为这个物质是完整地,连同其他一切部分在经验性的直观中被给予了。现在这个整体的条件是它的部分,而这个部分的条件是部分的部分,我们在对分解的这种回溯中永远也不会遇到这个条件序列的无条件的项,因此我们没有在部分中停下来的理由,而且在其之后被分割的项目本身在继续分割之前也已经被经验性地给予了,这就意味着分割将会进行到无限。我们在经验性直观赋予的整体的条件是由直观给予的各个部分组成的，而且每个部分之下的条件又是由它下面的其他部分所提供的。这样一来，直观保证了这个事物的完整性，部分的部分作为条件保证每个部分都可以被分割到无限。但与此相悖的是，一个给予的人的祖先序列在任何可能的经验中都没有绝对的总体性被给予，对祖先的回溯是从生殖的每一项进向一个更高的项，不断地向更高项进行追溯让我们不可能把寻找到某一项作为绝对无条件的经验性边界。在这里，有可能为无条件性提供条件的项不是在回溯之前就处于这个整体的经验性直观中的，那么这个回溯就将无限进行下去。

我们可以发现，无论在无限的回溯还是在不限定的回溯中，我们的条件序列都没有被看作在客体中无限地被给予了。这些条件绝不是自在之物本身，而只是现象，并且这些现象作为相互隶属的条件只是在回溯本身中才被给予。所以我们现在的问题就不再是这个条件序列本身自在的有多大，是无限的还是有限的，因为离开经验世界的现象，这些条件什么也不是。我们关注的目光只能停留在经验世界，关注经验世界的现象。这里有两个主要的问题：第一，我们如何进行经验性的回溯；第二，我们应当把这种经验性的回溯进行到多远。如此，我们就需要对前进规则做出相应区别。如果整体是经验性地被给予了，那么内部诸条件的序列中追溯到无限是可能的，因为经验世界的整体性是由经验直观给予的，在那里整体的条件是它的部分，而部分的条件是部分的部分。在这种情况下，我们可以声称，总是有比我通过追溯所达到的更多的项在那里，并且它们是经验性地给予我的，这样我们在对一个序列的追求中找到它的更多的项是一种必然。我眼前有一棵树，或者说我的经验性的直观给予了我一个整全的树。大致说来，这棵树是由树根、树干、树枝、树叶组成，或者用康德式的语言说，根、干、枝、叶是这棵树作为一棵树存在的条件，亦即整体的条件是它的部分。但同时我们也可以说，树根是由根尖结构、初生结构和次生结构三个部分组成的，这三个部分是树根之所以为树根的条件，但根尖又包含根冠、分生区、延长区和成熟区，它们又是根尖之所以被称为根尖的条件。如此细分，以至无限。如今我们人类对物质的无限细分已经达成的共识是：化学反应中最小的粒子是原子，保持物质化学性质最小的粒子是分子。但没有人能够宣称自己发现了最小的物质形态。随着科学的进步,我们必将发现比现有的物质组成部分更小的物质组成形态,我们之所以这么自信地认为,是因为找到经验性直观给予我们的序列当中的更多项是一种必然。

如果整体应当先通过经验性的回溯才能被给予,那么我们只可以说,再进展到更高的条件是无限可能的,因为我们在回溯中还可以走得更远,在回溯中没有任何项是作为绝对无条件地而经验性地被给予,所以我们总还有一个向更高的项进展和探求的可能,而且向更高的项的探求在这里是一种必然。因为经验在此没有给予我们整体性的序列,我们对项目的探求总是在回溯中得到的,所以没有任何经验可以绝对限制我们经验性的回溯,因为我们的回溯总是朝向一个未知的更高的项目,而且这种朝向是一种无限性的。我们可以从自身追寻到自己的父母,父母的父母……如此不断地追溯下去,我们能一直追踪到上古时期,直到女娲造人,盘古开天地。但是严格说来,在这个我们经验性追溯的序列中,盘古并不是最高的项,因为盘古总还需要一个产生者,而产生盘古的事物总还需要一个产生的基础。我们会发现,从我们自身开始的追溯总是为我们指向一个更高的项,这里存在着一种无法遏制的必然性,一种向更高的项进展和探求的必然性。所以我们只能说,在我们的某某祖先之前还有某某某祖先,并且必然会有比某某某祖先更久远的先祖存在,我们无法声称已对自己祖先的整个序列完全明了。

如上所述,理性一直寻求的是被预设为自在之物本身的那种无条件的完备性,感性世界中条件序列的绝对总体性只是立足于理性的某种先验的运用之上,我们的感性世界并不具备理性所追求的无条件的完备性,也就是说,我们在感性世界中无法讨论这种先验的无条件的完备性的序列大小,我们在此对理性原则作为现象本身自在的构成性原理给出了无效的阐明。现在我们所能讨论的就是在经验性的回溯中,当我们把经验归因于它们的条件时,应当追溯到多远,这样就方便我们按照理性的规则对理性的问题做出与对象相适应的回答。而这就牵涉到一种“可能经验的延续及大小的规则的理性原则的有效性”[①]。这个规则就是理性的调节性原则,它永不停留于对某个无条件者的回溯中。我们在经验世界中的整体性如果被直观直接给予了,我们就能对这个整体进行无限的分割并达到无限,而如果我们的整体性只能在经验的回溯中被给予的话,我们就会不断地朝一个更高的层级进发,达到不可限定的无限,二者均没有停留于对某个无条件者的回溯之上。我们看到,调节性原则让理性与它自身的争执完全终止,并且理性与自身分裂为二的幻象也得到了消除。本来一条辩证的原理被转变成了一条学理的原理。

这条学理的原理在经验中与经验对象相适合地去规定知性的最大可能的运用。在此意义上,我们可以说,它“仿佛像一条(不可能出自纯粹理性的)公理那样去先天地规定自在的对象本身是一样的了”[②]。因为这条原理除了在我们知性的最广泛的经验运用中积极证明自己之外,无法纠正或扩展我们的知识。康德区分了理性的构成性原则和调节性原则,并用理性的调节性原则来解决二律背反的问题,理性的调节性原则不是公理,却充当了类似于公理的作用。康德认为调节性原则可以作为解决宇宙论中理念冲突的钥匙,那么这把钥匙能解决我们的自由问题吗?

三、主体作为原因开启者的自由

在对自由的二律背反这个冲突进行处理之前,康德首先为我们做了一个预先提示,这种提示是建立在对数学性综合及力学性综合的区分之上的。康德在范畴表中区分了四个门类的知性概念,量的范畴(包括单一性、多数性、总体性),质的范畴(包括实在性、否定性、限制性),关系的范畴(包括依存性与自存性、原因与结果、协同性),模态的范畴(包括可能性与不可能性、存有与非有、必然性与偶然性)。其中,量和质的范畴主要针对纯直观及经验性直观的对象,被称为数学性的范畴;而关系和模态的范畴主要针对对象的相

①康德.康德三大批判合集:上[M].邓晓芒,译.杨祖陶,校.北京:人民出版社,2009:368.

②康德.康德三大批判合集:上[M].邓晓芒,译.杨祖陶,校.北京:人民出版社,2009:369.

互关系，以及它们与知性的关系，被称为力学性的范畴。我们可以发现，第一门类中的范畴没有相关项，而第二门类中的范畴和第一门类相反，必须有两个相关项的互相支撑才能得以实现。因为力学性的综合是对经验现象的一种力学性的综合，而力学性的范畴是对相关项的研究，这就为我们提供了一种观察和解决理性争执的全新视野。力学性的二律背反，如原因和结果的冲突或许就可以由此得到一个和理性共存的预设，我们从这个预设出发，就有可能对自由问题进行圆满的解决。

每一个条件序列，不论它们与理念是否适合，如果我们只注重它们的延伸性的话，它们都是同质的。但是作为理性基础的知性概念却是有区别的，它有两种可能性。第一种就是只包含一个同质的事物的综合，这种同质的东西在任何量那里不论在它的复合还是在它的分割中都被预设了。我们可以对一棵苹果树进行无限的细分，但即使我们分割到无限小，也只能说这是对苹果树的细分而得到的结果，而不能说是针对一个鸡蛋细分的结果，因为它的质——苹果树——已经被我们预设了。第二种就是包含一个不同质的东西的综合，这种不同质的东西无论是在必然和偶然的力学性综合中，还是在因果联系的力学性综合中，都是可以被允许的。苹果树因为缺水而枯死，缺水是苹果树死掉的诱因。在这里，水和苹果树在因果关联中完成了一种力学性的综合，虽然水和苹果树是完全不同质的，但这种关联又是被允许的。

仔细分析，我们就会发现数学性综合的现象序列中只有一种条件才能进来，即本身就是序列一部分的感性条件，并且它本身就是条件序列的一部分，亦即所有的条件都是同质的。而力学性综合却指向另外一种可能，那就是它允许某种不同质的条件，它可以不是序列的一部分，甚至“作为单纯理知的而处于序列之外”①。在这里康德允许一种不同质的条件介入力学性的条件序列，那么也就意味着在力学性的综合中，无条件者可以作为不同质者被置于现象之前。但我们要注意的是，允许无条件者介入但不在任何时候将有条件的现象序列变得混乱或者违背知性原理。通过此种方式，理性得到了

①康德．康德三大批判合集：上[M]．邓晓芒，译．杨祖陶，校．北京：人民出版社，2009：377.

满足，同时有条件者的条件序列也没有遭到破坏。也就是说，在力学性的现象序列中，我们可以允许一个本身不是现象的条件以原因的面目出现，这就发生了一种和二律背反后果完全不同的事情。因为在力学性序列中与作为现象的力学性序列不可分的无一例外的有条件者，是那种虽然在经验上是无条件的，却和感性的条件相联结，它一方面满足知性，另一方面也满足理性。在这里，这个有条件者满足理性的方式在于它不是作为力学性综合中现象序列的一个条件，而是作为一个独立于这些条件的理知条件在有条件者身上被回想起来，但这种回想的条件联系丝毫没有破坏经验性的条件序列，这样一个条件我们就可以承认它在经验上是无条件的。

我们可以对康德在这里表达的思想做这样的发挥：在力学性的序列中，我们可以寻找到一个无条件者，但这个无条件者的存在并不对有条件的序列有任何的破坏。康德寻求的是，在一定的限度内让无条件者发挥作用，给本来不应该拥有无条件者的经验世界提供无条件者，但这个无条件者不是来自本体的自在世界，它也不寻求一种本体式的无条件性，而是作为独立于有条件者之外的理知条件，它只能被我们回想，并不对有条件者不能满足自己的无条件性的要求而不满。

这就为我们关于原因和结果的追溯提供了另外一个有别于二律背反的途径。因为原因和结果属于力学性的条件序列，这也就意味着我们可以使用上述的无条件者的理论，这种理论可以保证先验的本体式的自由作为无条件者保证我们自由的先验性和本体性，从而为我们的自由提供究极性的理论依据。

我们对事情的起因假设两种方式，一种由自然律所引起，一种由自由所引发。第一种按照自然而引发的就是在感性世界中的某个状态按照自然因果律的规则与另外一个状态相互联结，但这种状态之间的联结是在时间中展开的，那么引发一个结果的原因性在时间序列中必然有一个更加前置的原因，并且按照知性的要求，前置的原因本身也需要一个原因。第二种自由是人类所独有的，是我们自身开启一个序列的能力，这种原因性在此意义上就和自然因果律的原因性绝不相同，它甚至可以跳脱开时间中自然因果律的控制，握有自行开启某个条件序列的绝对的自发性。这种意义上的自由也就绝对不可能包含感性经验中的事物，而只是一种纯粹的先验理念，否则的话它就会陷入与自然因果律的纠缠之中或者陷入自然因果律的规则之下。另外，它的对象也不能在任何经验中被确定地给予，因为经验中的对象总是像第一种那样，在因果律的规则之下不断循环。换言之，自由的纯粹的先验理念是某种自发性的理念，所以它绝不允许在自己之前有原因存在，因为如果那样的话，它就会沦为因果性法则的一个条件，从而丧失自己绝对自发性的地位。

康德提醒我们，与自由的先验理念相联系的还有自由的实践概念，“前者在后者中构成了历来环绕着自由的可能性问题的那些困难的真正契机”①。在康德看来，“在实践的理解中的自由就是任意性对于由感性冲动而来的强迫的独立性”②。而在这种与感性冲动的对抗中就蕴含着先验自由得以被证明存在的契机。在我们生存的这个世界上，还存在种种其他的物种，其中与我们最相近的是动物，严格意义上来说，我们人类也属于动物。动物对于感性世界的各种刺激会采取最基本的应对行动，人类对感性世界的刺激也会趋利避害以保全自己。但人类在动物性的行为方式之外，在面对感性的刺激时还拥有一种控制自身动物性冲动，并在对这种冲动抑制的同时可以自行规定自身的能力。这种能力让我们从自然因果律的规则之下解脱，并在解脱之后选择一种不同于自然因果律的原则规定自己的行为，或者说，选择一种不同于自然规律的原因作为我们行动的引发者。例如，面对饮鸩的判决，苏格拉底可以选择逃离，这是动物遇到危险时的第一反应，但苏格拉底选择面对死亡。苏格拉底可以选择在被毒害之前的时间中逃离他所处的空间，从而避免饮鸩的后果，但他却推开这种感性冲动的强迫，自行规定了自己的行为，留下来接受死亡。这种选择或许在很多人看来很不理智，但这种行为却表达出人具有自行规定自己的能力，而拥有这种能力的我们如果不把自由当成原因的话，还能把什么当作它的原因呢？在此意义上我们可以说，我们是可以拥

①康德．康德三大批判合集：上[M]．邓晓芒，译．杨祖陶，校．北京：人民出版社，2009：378.

②康德．康德三大批判合集：上[M]．邓晓芒，译．杨祖陶，校．北京：人民出版社，2009：378-379.

有先验自由的，而先验自由的表现方式就在于我们有实践的自由。我们在后面可以看到，康德对自由的探讨一直是在对实践的探讨当中展开的，因为二律背反已经向我们证明感性的经验世界中无法承载先验自由的无条件性，我们对先验自由的寻找又无法踏入本体世界中去进行。按照康德的理论，物自体不可知，我们只拥有经验性的现象世界，如果我们声称我们可以对本体世界中的自由进行把握的话，那无异于说，我们可以对物自体进行把握，就像我们把握经验世界一样。这样一来，康德构筑的从感性到知性的认识论系统将会被颠覆。对自由的寻求就只能在实践的层面进行，或在实践理性中进行，这种寻找的方式赋予了康德的自由思想独有的样态。

根据上面的分析，我们很容易看出，假如我们没有先验性的自由，那么我们所处世界上的每一个事件都必须在时间中发生，在时间中发生也就意味着按照必然律要被另一个原因所规定，那么我们经验世界中的各种现象必然被置入自然因果律的作用之下而成为必然的，这种必然性使我们的任何行为都是自然因果律的一种后果。如此一来，在取消先验自由的同时也就取消了我们的一切实践的自由。在康德看来，实践自由的前提是："虽然某物并没有发生，但它本来应当发生。"①这种应当也就意味着它是独立于自然因果律所引发的原因的，从而得以对经验世界中的自然原则的力量加以违抗，拥有一个完全自行开始一个事物序列的能力。所以，严格说来，关于自由的可能性的论证必然是一种先验的，而且先验的自由本身就是基于纯粹理性的辩证论之上的，而如果我们要对先验自由进行论证的话，还是要回到前面我们对力学性条件序列的讨论上去。

我们对力学性理念的讨论让我们得出一个重要的结论，力学性的理性概念根本不涉及作为量的对象，它所关注的只是对象的存在与否以及对象之间可能产生的各种关联。这也就意味着，我们可以对这些条件序列的量置之不顾，在这些序列里我们只需要关注条件对有条件者的力学性关系。幸运的是，原因和结果之间的序列属于力学性的序列，而如果我们只对自由的条件

①康德．康德三大批判合集：上[M]．邓晓芒，译．杨祖陶，校．北京：人民出版社，2009：379.

进行关注的话,可以就如下两个问题进行探讨。第一,自由是否可以在任何时空中存在。第二,如果存在我们所寻求的这种自由,那么它能否和自然因果律所倡导的普遍性共存。关于自由我们总是说,我们所处世界的结果不是出自自然就是出自自由,这个选言命题让我们对自由原因的追溯要么着眼于自然,要么着眼于先验自由。那有没有第三种可能性,"双方可以在同一个事件那里在不同的关系上同时发生"[①]。关于自然规律在感官世界中的作用,先验感性论的原理已经给予了充分的证明,这一点是毋庸置疑的。在这种情况之下有两种可能性。其一就是在自然规律之下自由毫无容身之所,一切全被置于自然因果律的作用之下。如此一来,我们就没有自由可言。其二就是在自然律所规定的结果方面也可以有自在发生。在我们把现象看成自在之物的情况之下,自然因果律就可以充当把每个事件都加以完备性规定的原因,而这些事件的条件在任何时间中都只能被包含在现象的序列中。这也就意味着我们没有自由。但如果我们不把诸现象看作自在之物,而只是一种依据经验性原则而关联着的表象,那么这些现象本身就必然需要一种本身并非现象的根据。又因为这种根据的原因性是理知的,所以在原因性的层面来说它就不能再被某种现象加以规定了。这也就意味着,这样一个理知的原因在原因性的层面绝不能被现象所规定,尽管它的结果可以被其他原因性所规定。这样一来,这种理知的原因以及其原因性将处于序列之外,但由它所引发的结果却可以在经验性的序列之中被发现。我们会发现,在这种情况下,我们拥有了自由,同时也没有因自然因果律造成损伤。自由和自然在不同的层级和谐共存。但自然的必然性和自由的原因性可以共存吗?

按照康德的理论,我们把一种感官对象本身不是现象的部分称之为理知的。如果一个事物可以以现象的面目出现在我们面前,原因在于它本身具有一种以现象出现的能力。我们也可以说,事物本身自在也具有某种能力,虽然这种能力超出了我们可以认知的经验世界,但它的存在却是被允许的。这种能力因为属于本体世界,所以不可能成为被任何感性直观所把握的对象,

①康德.康德三大批判合集:上[M].邓晓芒,译.杨祖陶,校.北京:人民出版社,2009:380.

但从另外的角度来说，它却可以成为感性世界诸现象的原因。如此一来，事物就有了两种能力，这两种能力对应于两种原因性。第一种是从行动的序列性结果而言的现象的原因性；第二种是按照其行动而把它看作理知的，即看作属于自在之物的原因性。这样，主体就能够造成一种既属于感性的经验世界的，又有牵连着智性概念的原因性，并且经验的和智性的原因性现在共存于同一个结果之中。两种原因性同时在一个结果中被发现，这种原因性的两面性难道不会产生矛盾吗？

康德这样回答这个问题，现象不是自在之物，这就意味着现象必须基于某种先验对象，但现象只是被先验的对象所规定的表象，如此一来，我们就拥有了在先验对象得以显现的属性之外赋予现象某种原因性的契机。虽然，这种原因不是让现象得以产生的直接性原因，但它的影响结果却可以被我们在现象中发现。苏格拉底饮鸩而亡，原因是鸩中的毒素会对我们的身体组织造成损伤，从而造成其他脏器的衰竭进而死亡，这对任何血肉之躯来说都是一种必然的结果。但苏格拉底之死被哲学家视为对哲学的一种献祭，最重要的原因是我们在苏格拉底的死亡中发现了自由。苏格拉底自行选择了喝下毒酒面对死亡。在苏格拉底死亡的结果中我们除了发现穿肠的毒药会让人死亡这个因果规则之外，还发现了人身上具有的那种自由性，这让苏格拉底的死富有尊严，而这种尊严感只有在人这种理性的动物身上才能被发现。这也就意味着，独立于自然的原因之外的自由是存在于我们人类的理性之中的。

康德把这种不同的原因性称之为不同的"品格"[①]。所谓品格，也就是不同的原因性的相关法则。根据上面的划分，我们就会拥有两种原因性的品格。第一种是感性世界的和现象关联在一起的经验性的品格。这种和感性世界关联密切的原因法则让现象和自然的因果律相互关联，这种关联在时间中展开就是某种自然因果律的必然性。除此之外，它还可以作为条件从其他现象中被推导出来，或者推导出其他现象。在此意义上我们可以说，这种经

①康德．康德三大批判合集：上[M]．邓晓芒，译．杨祖陶，校．北京：人民出版社，2009：381.

验性的品格与现象相结合构成自然序列中的某一项并成为自然秩序的支撑。第二种是理知的品格，在理知原因的法则之下，主体可以作为发起现象的原因而存在，但理知品格绝不和任何感性的条件相关，而且理知品格本身也不是现象，所以，理知的品格不会从属于任何时间条件，因为时间是现象的条件，却不是自在之物的条件。在理知品格的原因法则之下，主体因为不受时间条件的限制，所以也就不会有任何行动的产生或者消灭，也就意味着不会变化。因为一个事物如果产生了，那就意味着在它产生之前是没有它的，也就意味着这个事物身上发生了变化；一个事物如果消灭了，那也意味着一种变化在发生。也就是说，但凡事物产生、消灭，我们总能在它发生变化的先前的时间现象中寻找到关于它变化的原因。但理知品格"不会有任何行动产生或消灭"[①]。因为理知品格跳脱开了时间的限制，所以就不会处于感性世界中，更不会成为必然的条件序列中的一环。理知品格不能以现象的面目出现，在此意义上而言，理知品格是和"物自体"同一级别的存在，所以它不可能被我们直接认识和把握。但是，我们可以在思想中用类比的方式把它按照经验性的品格来加以设想。就像我们把感性世界诸现象的基础设想为先验的对象一样，我们也可以设想一种先验的自由，而它是我们现象世界自由的基础。

理知的品格在同一个主体里不受感性及由现象而来的规定的任何影响。在这个主体里面没有任何事情发生，我们也不能像观测现象那样看到任何力学性的时间规定的变化，因而也根本看不到和经验性的原因现象的任何联系。在此种意义上，我们可以声称，由理知的原则所影响的行动者在自己的行动中将摆脱一切感性世界中的规律，主体"自行开始了它在感官世界中的结果，而不是这个行动在它里面开始了自身"[②]。但与此同时，感官世界中的结果并不因为理知品格的作用而自行开始，因为任何感性世界中的现象要有所变化，都必然要基于时间之内，在时间中展开其变化的过程，并且它们作

①康德.康德三大批判合集：上[M].邓晓芒，译.杨祖陶，校.北京：人民出版社，2009：382.

②康德.康德三大批判合集：上[M].邓晓芒，译.杨祖陶，校.北京：人民出版社，2009：383.

为自然原因的序列的延续只有在时间中才得以可能。这样一来，我们就得到了我们希望的结果，那就是自由和自然，经验品格和理知品格，一方在感性世界中，一方在本体世界中，一方在时间中，一方不在时间中，但它们都在完全的意义上，会在一些行动中，没有任何冲突的同时被找到。在这里我们对先验的本体的自由的发现是在一种类比的基础上才获得的。换言之，如果让我们在绝对的本体意义上介绍自由，我们只能像对待本体世界中的其他概念一样，对它一无所知。康德的认识论告诉我们，除了现象世界可以被我们认识之外，我们对物自体的世界无权发表意见。那么我们在与经验品格的类比中所模拟出来的理知品格，以及从中抽引出的自由概念只能算是一种假设，我们需要更加深入和透彻地对先验自由进行证明。或者说，我们需要一个自由和自然能够相互独立且互不干扰的详细说明，在这种说明中，我们的主体就能够具备一个开启序列的绝对的自发性。

我们都知道，在现象世界里的诸原因中不存在一个能够绝对地自行开始一个序列的东西。因为凡是在时间中展开的事件，我们总是能在时间中追溯到它之前的原因所在，所以严格说来，时间中的每个事件都是一个序列的继续，在这个序列里我们根本找不到一个自行开始的开端存在。现在的问题是，当结果都是现象时，作为现象的原因就必然是经验的吗？还是有这种可能，每个现象中的结果在不中断其与自然的原因关联的情况下，同时也可以是一种理知的原因的结果，而这个现象就是某种理知原因行动的结果。但由于这个原因按照这种能力来说是理知的，所以它绝不是现象，而是理知能力的一种，这种行动的能力是基于知性的某种单纯根据，而绝不是基于某种感性的经验性条件，但这个原因所导致的现象又能和自然因果律的原因性相符合。如此一来，在此种方式下“行动的主体就会作为causa phaenomenon而和自然一起被啮合在一切自然行动的不可分离的依赖关系中”[①]。在这里我们拥有了这样一种现象，首先在经验世界中它是遵循自然的因果律的一个结果，并且在感性世界中构成自己的相应序列，同时它又是理知原因的一个结

①康德.康德三大批判合集：上[M].邓晓芒，译.杨祖陶，校.北京：人民出版社，2009：385.

果。也就是说，在一个结果中有两种原因共存着，一个是经验性的原因，一个是理知的原因。当我们从经验性的原因不断上升而达到先验对象时，必然会达到理知的原因，但这个理知的根据根本不去和经验性的问题纠缠，而只是涉及纯粹知性中的思想，虽然纯粹知性的思想及和它相关的行动是在现象中被发现的，但这些结果却同样必须能够按照自然规律由它们在现象中的原因加以解释，但我们在对这些结果的原因探查中只是注重于经验性品格的原因，把单纯经验性的品格作为"至上的解释根据来遵守"[①]。因为对经验性品格的这种严格的遵循，我们忽视了理知的品格在此所起到的作用，但当理知的品格借助于经验性的品格作用于现象时，我们就能在现象中析离出理知品格的原因。这一点在作为现象的人身上表现得尤为明显。

人是经验世界的现象之一，在此意义上，我们可以说人也是自然的原因之一。居于经验世界中的人的原因性必然从属于经验世界的自然因果律法则，这样一来作为经验世界的现象之一的人也就必然具有一种经验性的品格，而且这种经验性的品格可以通过人类行动的结果中所表现出来的力量和能力而被发现。但人类和无生命的自然界以及动物完全不同，因为唯有人在感性的能力之外，还可以通过单纯的统觉来认识他自己，也就是说，只有人才是一个单纯理智的对象，因为他的行动除了感性的接受性之外，还具有知性和理性的能力。在这个世界上只有拥有理智的我们才能运用理念来对自知的对象进行思考，并根据自知的对象规定知性。在此基础上，知性才能对自身的概念有一种经验性的运用。

我们可以看到，理性因其不同于经验性的品格而具有原因性，至少我们可以在理性身上设想这种原因性，而我们所设想的原因性可以在一切实践性的命令中被发现。"应当表达了某种必然性，以及那种在整个自然中本来并不出现的与诸种根据的连结。"[②]我们可以发现，"应当"只属于理性，因为知性在经验性的世界中只能依托时间认识到什么是现有的，什么是曾经有的，

①康德．康德三大批判合集：上[M]．邓晓芒，译．杨祖陶，校．北京：人民出版社，2009：385.

②康德．康德三大批判合集：上[M]．邓晓芒，译．杨祖陶，校．北京：人民出版社，2009：386.

什么是将会有的。在自然因果律起作用的时间中，知性无法发现“应当”，因为感性世界中发生的事件都是某个事件的结果，同时也是另一个事件的原因。感性世界中的事件只有一种按照因果律的普遍必然的联结，知性可以探查自然中发生了什么，却无法询问自然中应当发生什么。

这样一来，应当就暗含着对一个可能的行动的原因，而这个原因只能是单纯的概念，当我们把这个应当当作导致某个行动的原因时，它所产生的行动只有在遵循自然因果律的前提下才是可能的。这时候的自然因果律只能关涉应当在现象中的结果，而绝没有能力涉及应当本身的规定。我们可以假设有无数个出于感性的刺激和欲望的根据，但这些自然的根据和刺激绝不能产生出应当来，而只能产生出一个在时间中展开的有条件的意愿，而理性的应当则对这个源自感性刺激的产物用克制和目的，甚至用禁止加以抗衡。不论我们所意愿的是一个单纯的感性对象，还是一个纯粹理性的对象，理性都以“完全的自发性”[①]制定一种依据理念而来的秩序，并按照这种理念宣称一些没有发生而且也许不可能发生的行为是完全必要的。我们可以发现，理性在此拥有了某种原因性，如此，才能从自己的理念出发，得到经验中的结果。

如上所述，我们发现理性对现象有一种原因性，但这种原因性必然要和某些作为现象的结果相关联，这种与某些作为现象的结果相关联的能力是每个原因性必须要具备的，理性的原因性也不例外。那么，我们理性的原因性就必须由自己显示出一种经验性的品格，我们可以把与理性的原因相关联的结果从现象的角度称它为理性式的经验品格，在这种情况下理知的品格保持不变，但与此相关的现象性的结果却按照伴随而来的有局限的诸条件的差异性而显现于种种变化的形态之中。这种理性的经验性品格是建基于理性的原因性之上的，而理性的原因性是以规则的形式在现象的结果中加以展现的，我们可以按照这种规则对理性的原因在某种程度上加以接受，并且我们还拥有了对和任意相关的主观原则的评判权力。但我们知道，如果这种理知的原因性粘染上经验性的品格，那么这种原因性必然会从属于自然的因果

①康德．康德三大批判合集：上[M]．邓晓芒，译．杨祖陶，校．北京：人民出版社，2009：386.

律。此外,理知的原因也不能从属于时间中的因果序列。那么,这种理性对现象的原因性就需要具备一种能力,并且唯有通过这种能力,各种经验性结果的序列的条件才能被开启。但我们要注意的是,理性中的条件绝不是感性的,所以它无权开启任何经验性序列,如此一来,我们就可以看到一种与经验序列中完全不同的情况,那就是导致一个事件的前后序列的条件本身在经验上是无条件的,原因就在于这个条件和经验世界中感性的条件无关,同时它也不在时间规定的约束之内,这个条件是外在于自然的现象序列,来自理知的东西当中。在此意义上,我们可以说,没有理性,我们就无法得到一切任意行动的持存性基础,尽管这些行动在发生之前就被我们的经验性品格加以规定了,但在理知的品格看来,经验性的品格只是它感性的图型,任何时间中的前因与后果都是无效的,每个与其他现象共处于时间关系中的行动都是理知品格的直接结果。在此意义上,纯粹理性是自由行动的,并没有在自然原因的规律中受到来自外部的、内部的或者时间上的规定。理知的这种自由不仅仅是针对经验性条件的独立性,也可以通过自行开始一个事件序列的能力而表现出来,虽然在作为本体性的理性中并没有任何序列被开启,但理性在现象序列中毕竟作为条件开始了。我们要注意的是,这种开始并不是说它在感性的现象序列中构成了一个开端。

我们可以在经验世界中寻找到很多例子来对这个理知品格加以说明。假如一个人用一个任意的不良行为对社会造成了一种伤害,当我们对这一行为的原因加以追溯,以便将这种行为及其后果归因于这个人时,我们首先会从经验性的品格开始,我们能列举出他所受到的不良教育、他的不良朋友、他童年的不幸经历或者人性本恶等,如果我们有足够的时间,我们可以穷尽经验世界中导致这个人行为不端的诸种原因。我们在这里就像研究其他的自然原因一样对导致这种结果的原因序列进行研究,但即使我们相信而且确有证据表明其中的某个原因是导致他行为不端的主要原因,我们绝不会因为这个原因而放弃对他的指责,因为这种指责是建立在理性的法则之上的,我们完全撇开这个人生存中的种种不好的境遇,并把和他相关的种种经验性条件看成是没有发生的一样,却把这一行为当作无条件的。在此我们可以发现这个不端的行为好像开启了另外一个后果序列。在这种情况下,我们把理性看作原因,这个人的行动被归于他的理知品格,他在做出不良行为的瞬间完全是有责任的。理性在这里没有把经验性的各种条件纳入自己的考察范围,而只是用理知的品格对人的行为进行评判,在这种情况下,理性是完全自由的,如果我们非要给这种不端行为找出一个责任原因的话,那就是理性的失职。

这里的理性根本不可能会因被感性刺激而有所行动的,它不会改变自己,即使与它相关的现象已经发生了变化。理性对于人的一切行动来说,在所有的时间中都是同样的,因为理性根本不受时间条件的限制。我们可以说,那个行为不端者无论遭遇何种悲惨的境遇,都不应该做出不良的行为。这就意味着,他的不端行为是处于理性的威力影响之下的,而理性在其原因性中则不服从现象和时间进程的任何条件。时间的差别可以造成现象的诸种差异,但时间进程所发生的现象差别绝不可能引发行动在理性关系中的差别,因为这些现象不是自在的原因自身,更不是自在的事物本身。在这里,我们对自由行动的评判可以达到理知的层面,但也仅止于这种理知的原因性,我们无法超出这种原因性,因为这种原因性是独立于任何感性世界的现象而被确认的,而且这种独异的确定方式才能让它成为感性现象的无条件的条件。所以在此,我们无法回答为什么恰好在这种情况下,理知的品格给出了感性经验的现象以及与此相关联的经验性品格,这就好比我们追问为什么我们空间中的直观是我们外部感官的先验对象而不是其他感官是我们外部感官的先验对象一样。但我们可以确定的是,在理知的自由中存在着和自然必然性完全不同的条件,而自然因果律并不能对前者造成影响,所以自由规律和自然因果律可以相互独立、互不干扰的发生。这样,我们就对康德自由思想的第一个面相做出了说明,作为行动主体的我们,现在可以宣称,我们拥有一个开启条件序列的能力,并且这个能力和自然因果律的条件并行不悖。

康德在对自由的二律背反的阐释过程中指出,先验自由作为现象时导致了自由的幻相。在对这个幻相的破除过程中,康德区分了无限性和不可限定的无限性,再引出理性的调节性原则,在调节性原则的应用中区分了经验品格和理知品格,进而对理知品格可以在不影响现象序列的情况下充当感性条件的无条件性进行说明,并用调节性原则来处理先验自由的问题,得出我们理知的原因可以和自然因果律并行不悖,亦即作为主体的我们可以具有开启一个条件序列的能力。

在上述的论证过程中,我们发现对自由的阐明总是围绕着对经验的因果律的说明。也就是说,对自由的阐明必然离不开经验性的序列,或者更确切地说,离不开经验世界中以自然因果律的现象表现出来的道德现象,这种道德现象表面上看是属于经验性的条件序列,但在这些现象中我们依然可以发现理知自由的原因。接下来,我们对康德自由面相的探究就在于理性如何以自由的方式对经验世界产生影响以及理性如何在作用的过程中让自由得以可能。下面我们就将对康德自由思想的第二个面相,理性自律和立法中的自由,即道德律令中的自由进行探讨。

第三章 自由与道德律令

一、自然律令与自由律令的两分

在对道德世界中的自由进行考察之前，康德重申了古希腊人的观点，把我们的理性知识分为两大类：一类关于质料，与某个对象相关；另一类关于形式，与思维的普遍规律相关。形式的哲学被称为逻辑学。而关乎质料的哲学因为涉及对象的区别，在不同的对象上又衍生出不同的规律，这种对象和规律的差别让我们对质料世界的研究可以分为两种，一种是关于自然规律的物理学，一种是关于自由规律的伦理学。

关于自然规律的物理学，康德已经在纯粹理性批判中对其进行了重新改造，并在先验的基础上对自然规律的普遍必然性进行了证明。这种改造的成功让人以自然立法者的身份出现，一改独断论的盲目决断以及怀疑主义对理性的不信任态度。同时，康德也对与自然世界相关的道德伦理世界进行了与他的认识论相同类型的改造，这集中表现在康德对以自由作为规律的伦理学的重新审视上。康德在纯粹理性批判中已经从感性到知性到理性对自己先验的认识论系统进行了细密的阐明，可以说，纯粹理性批判对我们如何对世界中的现象进行正确的判断并达到普遍必然性的认识提供了令人信服的说明，这个说明集中体现在先天综合判断上，或者说在我们的知性对经验世界现象的判断上。在对世界的知识有所了解之后，我们还需要对这些知识加以运用，这种运用表现为一种理性的决断。如果说我们的先天综合判断可以为我们认识的真理性提供理论理性能力的话，那么我们还必须有着为我们的决断提供支撑的另外一种理性能力,那就是实践理性的能力。实践理性所运用的目标不是知识,而是一种有关于道德行为的东西。那么这个为实践理性提供用武之地的东西是什么呢? 康德认为是义务。义务论和目的论是我们对道德行为判断的两种不同方式。在我们的道德生活中,我们从某个人的道德行为中总是能考察出两个方面:一方面是让我们做出这种行为的原因,即让我们做出决断的动力;另一方面是这种行为导致的结果,即我们所引发的这个事件的结果。义务论注重对我们动机的考察,也就是说我们行为决定本身的对错独立于行为的结果判断;目的论则注重对结果的考察,也就是说道德的对错是建立在行为结果的好坏上面的。假设一个人出于恶意在某人的饭食中加入毒药意图致其死亡,但最终却以毒攻毒,治好了被害人的某种不治之症。这个行为从目的论者的角度看,未尝不是一件善事,因为虽然害人者想要置被害人于死地,但最终的结果却是救了被害人一命,尽管导致害人者行动的动机是邪恶的,但结果却是良好的,所以这是一件善事。但从义务论者的角度来看,害人者的行为是恶的,没有丝毫的善可言,因为导致害人者行动的决定或者说动机是置人于死地,虽然这种行为收到了与他的行为初衷完全相反的结果,即害人者的行为阴差阳错地救了被害人一命,但害人者依然是恶的。

康德是一个道德义务论者,他对义务的严格规定是和他的整个思想体系密切相关的。在纯粹理性批判中,康德对原因和结果的二律背反问题进行讨论时,就把自由归为一种开启因果序列的能力,当然这种能力完全不同于自然的经验序列的因果开启能力。而义务论者同样强调我们道德行为的价值源于让我们采取行动的动力或原因。依照康德对自然因果律和自由因果律的两分,我们道德生活的原因绝不可能在经验的自然世界中被寻找得到,因为那样的话,我们就会陷入自然因果律的控制之下,我们的行为一旦受到自然因果律的掌控,也就丧失了所有的道德价值。义务论着重于对道德行动本身的原因性进行价值判断而并不注重其结果性,这样我们对一个道德行为动机的探查可以一直达到先验的自由。我们还会发现我们在道德生活中遵循的种种道德规律都是自由的一种展现方式。在这些道德规律中,我们意识到我们是自由的,同时先验的自由又为道德规律提供合法性的保证,毕竟没有先验自由的保证,我们的行为就只有自然的因果性,而没有任何的道德价值。正是在此意义上,康德明确地宣称,自由是道德法则的存在理由,道德法则是自由的认识理由。康德的道德义务论所牵涉的内容是多方面的,他提出了善良意志、道德命令、意志自律等一系列观念,但这些道德律必须在自由的前提下才能去践行。道德行动者判断他能够做某一件事情的原因是,他意识到自己应该这么做,并且他认识到自己是自由的,如果没有道德律,他永远也不会知道这个事实。这构成了康德义务论道德思想的基本内容,同时也为自由提供了相应的证明。康德把理性存在者的自由作为道德得以可能的基础,因为在没有自由的情况下我们无法谈论道德。作为理性存在者的我们,唯有在拥有自由的条件下所做出的行为才具有道德性,没有自由意志的行为只是动物的本能性的行为,而不是一种道德行为。比如,无论在何种情况下,人去抢掠别人的东西都是不道德的。但动物却可以抢夺对方刚刚捕获的猎物,对于动物之间的互相掠夺我们甚至可以发现一种自然规律下的野性美感。我们理解那种丛林法则在动物中存在,因为我们知道动物是依靠本能而行动的,动物没有自由。但对于人之间的抢掠,我们是不能认同的,因为人是自由的,而自由的我们如果采取了不应当的行动则被斥为实施了一种不道德行为,因为我们除了本能之外还拥有一种理性的自由,自由为我们的行为赋予了一种道德色彩。

我们要注意的是,逻辑学不关注对象,而只关注对象的形式,所以它没有经验的部分。但由于自然哲学和道德哲学关乎质料,换言之,关乎对象,所以它们二者都有经验的部分。自然哲学为作为经验对象的自然界规定规律,所以自然律是万物得以产生的规律。道德规律则是给在自然影响下的人类意志规定规律,它是万物应该循以产生的规律。在这里,我们可以发现自然规律与道德规律的冲突。从广义的方面来说,这表现为自然界的规律和道德的规律之间的冲突,一种是自然因果性的,在时间中被分割为过去、现在和将来的条件序列,这个序列的每一项都可以在时间中被寻找到引发它们的原因和它们所导致的结果。这种自然因果律的普遍联系是由知性的范畴所具有的,而我们经验世界中的一切现象都服从于范畴的综合运用,而这种被范畴综合为普遍必然性的现象的总体就是自然界,而范畴加在自然界之上的法则就是自然规律,这种自然规律使万物得以产生。而作为冲突的另一方的道德律,作为万物应当这样产生的规律会表现出和自然规律的对抗,道德律希望万物以一种有别于自然规律所规定的方式而存在,以应当的方式而存在,换言之,以自由的方式而存在。从狭义的方面来说,在人身上这种自然规律和道德律所表现出的冲突最为尖锐也最为深刻,同时解决这种冲突的需要也最为迫切。人首先是一个感性的存在者,我们生存的世界是属于感性世界或者说是经验世界的,那么我们就必然要遵循自然的、感性的规律,而这种规律使我们得以生存下去,表现在食必求饱、衣必求暖等基本的生存需要和生理需要上面。对这种自然规律的遵守是我们生存下去的前提条件,也就是说,我们身上有一种与生俱来无法抛却的自然性,而这种自然性和感性的欲望又密切相连。依照我们的自然本性,见到美好的东西我们就有一种据为己有的冲动,见到美好的异性,我们就会产生一种与之亲近的冲动。虽然,这是我们的天性,但如果我们仅被这种自然性的欲望所驱使的话,我们就会陷入一种“欲壑难填”的境况:我们占有一个美好事物后,还会希望占有下一个。但是,因为人又是一个理性的、自由的存在者,在被感性的欲望所牵引的同时,还会对自己的行动进行反思。这种对理性的运用可以让我们更快捷地达到目的,而不是动物式的仅凭本能行动。在思虑和选择中我们有两种考量的依据,一是自然的感性的欲望,二是理性的道德规律。自然欲望和道德规律作为可供我们选择的前置性行动原则,二者在选定目标后均可以使用理性为我们提供最合理的达到目的的手段。当我们选取感性的欲望作为我们的指导原则时,理性只是达成我们目的的工具,于是理性变成工具理性,工具理性可以用最迅捷的手段,但从不考虑这种目的的意义何在。比如,为了赚取更多的利润,资本家可能会采取加重对工人的剥削,对环境造成危害的生产方法。我们可以看到,当人以感性的金钱欲望主导自己的行为时,理性变成了让人比动物更可恶的帮凶。我们有种种手段实现自己的感性欲望的目的,甚至不惜把自身当作实现目的的工具,但我们的精神层面的需求却被大大忽略了，严格来说，我们已经沦为自然规律的遵循者，自己本能的驱迫者，那么谁能为我们的道德负责，谁又能为我们的自由寻找到自己的居所，并以此保证人类自由的威权，理性自由的名声呢！黑格尔对我们精神的萎靡非常敏锐，他在《逻辑学》中曾悲伤地宣称："以沉思永恒和专门献身于这种沉思的生活为目的——不是为了有用，而是为了灵魂的福祉，——那样的人们消失了。"[①]反之，当我们以理性的道德规律作为自己的前置原则时，我们就会达到与此相反的效果，我们可以抛却感性的欲望对自身的诱惑，在源于理性的诸原则指导下有尊严地行动，采取一种与理性存在者相匹配的行为方式。但我们要注意的是，道德律却不能排除那些使它不能产生的条件。这也就意味着，道德律的实现必然一直处于自然律与道德律、人的自然性与道德性相冲突的角力之中。那么我们的道德规律何以能被称为规律呢，这种规律的约束根据又源于何处呢？

首先就是道德规律绝对不同于自然的规律，自然律是在时间性中有序展开的事件在此之前的条件，也是正在发生的变化，将要产生结果的条件序列的过程展现。在这个序列中的每一项都是可以被追溯的，但它适用的范围仅仅限于感性的经验世界。而在道德生活中，如果一条规律被认为是道德规律，也就是作为我们实践行动的约束根据，这条规律本身必须具有绝对的必然性。如"你不应该说谎"这条道德律，在其中我们可以看到独属于人的责任的一种规定。即作为一个人，我们有责任在任何情况下都不说谎，不说谎的责任约束的对象是全部的理性存在者，因为说谎者会对其他人造成伤害。但如果不说谎不是我们的一种责任，即我们不把它当成我们的一条必然性道德规律的话，那么任何人都难逃被其他人伤害的命运。因为当每个人都可以说谎而且不需要担负任何责任的时候，我们将丧失对他人的信任感，我们自己也会沦为他人不信任的对象。如此一来，整个世界将不会存在"信任"这个词，我们将无法进行任何道德活动。在此我们必然要问一个问题，这个不说谎的道德律对我们绝对必然性的约束根据在哪里呢？康德认为，约束性的根据不能在人类的本性中去寻找，因为之所以不说谎会成为道德律就是因为

①黑格尔．逻辑学：上卷[M]．杨一之，译．北京：商务印书馆，1996：2.

我们会说谎，或者说人类本性中除了善之外还有不善的一面，即恶的一面。当然这种根据也不能从我们所处的环境中去寻找，因为我们在所处的环境中可以找出很多理由让我们不说谎，但同时我们也可以发现很多让我们说谎的理由。这种约束性的根据只能在纯粹理性的概念中去寻找，或者说，从我们的理知的品格，亦即理知的原因性中去寻找。所以，实践的知识、道德规律及其原则和经验性的知识有本质性的差别。道德哲学完全是以理知的纯粹部分为依据的。当这种理性的原则应用在人的身上时，它把人当作理性的存在物，先天地赋予人相关的规律。对于这些规律，我们首先要敏于判断它们发生作用的场合；其次给这些规律创造为人的意志所接受的条件以及在实践方面产生强烈的印象。虽然，我们是以经验性品格为主要认识规律的理性存在者，我们能接受纯粹实践理性的理念，但要让这种理念在我们的道德生活中起作用，却并不是一件容易的事情。我们能接受来自理知品格的“你不应该说谎”作为我们的道德律，但又有谁能向其他人保证，自己从来没有说过谎呢？面对经验世界中的种种感性的欲求，我们有时候为了达到某种意愿可能会采取说谎的方式来解决问题。或者，可以这样表述，在作为理知的自发性的原因中，我们拥有说谎和不说谎两种序列可供选择，亦即我们可以在说谎和不说谎二者之间进行选择从而开启一个相应的具有理知影响力的经验序列，但我们的理性在实践中把“你不应该说谎”作为一个道德的规律，理性向我们的意志提出要求，并且将“不说谎”作为约束我们行动的指南。我们可以看到，我们的理性是自由的，这种自由在我们道德生活中是以任意的自由、善良意志、责任、法则等多种道德律加以展现的。在后面的论述中我们会发现，无论是任意，善良意志，责任，法则等，它们得以可能的方式就在于把自由作为前提，而在对它们的遵循中，我们可以得出一种理性的自律或理性自我的立法，而对它们的遵守也就演变成理性为自己立法，这是一种理性的自律，理性的自律就是理性的自由。

二、自然律令与自由的任意

康德的《道德形而上学原理》主要集中于一个目的，那就是规定意志能够遵守的法则，而意志通过遵守该法则的行动又不至于失去自由。在康德看来，意志就是一切有理性者都拥有的让事物初始发生的能力，也就是说，意志为理性者所独有。但人只是一种有限的理性存在者，虽然说我们拥有理性的一面，但同时我们也还是感性世界的一员，这样我们的意志就难免会受到感性因素的影响，这样一来就衍生了意志的双向选择性。纯粹的意志就是排除各种利益的诱惑，克服感性欲望的干扰，绝对自觉地遵守先天的法则，纯粹的意志是对理性本质的一种体现。在相反的情况下，意志只能称为“任意”，任意在某种意义上说不是真正的自由，因为自由只有在我们不受自身以外的其他力量影响时才能拥有。这样一来，我们就可以宣称，当意志排除了感性欲望的干扰，以道德法则为自己行动的指南时，它就是纯粹的意志，这种意志就是自由的。康德还认为，意志可以对我们的因果关系进行规定，但这种规定是通过规则的观念来实现的，我们如果需要从规则中推论出行动来就需要理性的参与，唯有意志才能对这些规则进行衡量、思虑进而选择，所以意志不是别的而是实践理性，是知性与欲求能力之间的关系。康德在这里对意志的讨论很容易让我们想起亚里士多德。亚里士多德在他的实践哲学中指出，只有我们有意地去促使实现某些道德目的的活动才能称为道德行为，与道德目的相关联的是实现道德的手段，由此可以从中析离出“目的”和“手段”。亚里士多德指出：“德性确定一个正确的目标，明智则提出达到目标的手段。”[①]这里的明智就是实践智慧，而实践智慧最明显的特征是思虑和选择，思虑是对达到目的的手段的审慎选择，以求以最有效的方式达到目的，而选择则是对思虑的最终结果的决定。亚里士多德强调欲望需要服从于理性，唯有如此才能有合乎德性的选择，从而产生人们行为实践上合乎德性

①亚里士多德．亚里士多德全集：第8卷[M]．苗力田，译．北京：中国人民大学出版社，1994：134.

的行为，在思虑和选择的过程中需要时刻以理性来进行观照，而这种观照保证人的行动是一种有意的、善的行为，同时表现出人使用自己的理性克制自身本来所具有的自然欲望的节制性特征，这是人区别于动物的最主要特征之一。亚里士多德说，选择是“我们通过考虑所期求的对象，那么，选择也就是我们经过考虑力所能及的期求。从考虑所产生的决断、期求须合乎考虑”[①]。也就是说，选择是欲望和理性的结合，所以思虑和选择就不是单纯的理智活动，而是在理性主导下的意志活动。虽然是理性在作为人实践的主要目的而对人的行为朝向善进行着持守和召唤，但人在思虑和选择时还是有某种内在于人的自由存在于其中的。这和康德所说的意志的任意非常相似。在康德看来，意志是一种能力，这种能力可以把理性的规则当作人们行动的有效原因，不管什么对象想要成为现实的，就必然需要通过行动，但意志却只被理性的规则所指引和规定，而我们关于对象的观念和对象本身都无法规定意志。在此意义上，从经验的感性必然性中摆脱出来的意志就是一个经验性的事实。所以康德说：“那种不依赖于感性冲动，也就是能通过仅由理性所提出的动因来规定的任意，就叫作自由的任意(arbitrium liberum)……我们有一种能力，能通过把本身以更为间接的方式有利或有害的东西表象出来，而克服我们感性欲求能力上的那些印象；但这些对于我们的整体状况方面值得欲求的，即好和有利的东西的考虑，是建立在理性之上的。”[②]康德在这里表达了一种和亚里士多德同样的意图，那就是，以促使人的行动的原因在于理性还是在于欲望来判断我们的行动是不是自由的。每一个人的身体上和心理上都有动物性的部分，但人身上也有让我们超出这些动物性部分的理性。康德认为在自由的任意中，我们有一种克服感性欲求的能力，并且会从整体的状况上去进行考虑，比如在自己最喜爱的美食面前我们会为了自己的健康而克制自己的食用欲望，克制自己饮食欲望的行动的目的是让自己获取更大的健康收益。人在克制自己饮食欲望时，有一定的目的和手段的因素在其中。

---

①亚里士多德．尼各马科伦理学[M]．苗力田，译．北京：中国人民大学出版社，2003：50.

②康德．康德三大批判合集：上[M]．邓晓芒，译．杨祖陶，校．北京：人民出版社，2009：531-532.

身体健康是人的目的,而为了达到这种目的所采取的手段就是控制自己的饮食。那么让我们进行斟酌和做出最终有利于我们选择的源头性原因是什么呢？那就是实践理性。因为我们在行动前用理性对自己行为的目的和手段进行了思虑,最终在理性的主导之下做出了有利于自身的抉择。但我们要注意的是,康德是将经验世界和先验概念两分的哲学家,所以在康德看来,这种以经验世界中的人的感性欲望作为目的,以自然因果律的规则作为手段,使用自己的理性思虑和选择的结果只能算作一种感性的任意,但这种任意又是自由的,因为它是在理性的指导之下冲破了感性的束缚,以理性的力量自己规定自己的一种实践行动。这是一种理性指导下的自由,但只是任意的自由,因为它思虑和选择的全部依据源于经验世界的因果律。在此意义上,康德说:“人的任意虽然是一种 arbitrium sensitivum(感性的任意),但不是 brutum(动物性的),而是 liberum(自由的),因为感性并不使它的行动成为必然的,相反,人身上具有一种独立于感性冲动的强迫而自行规定自己的能力。”[①]在康德看来,自由的任意不能算作真正的自由,这种自由实现的规则“全都只是一些熟巧规则……为的是产生按照因果的自然概念所可能有的结果”[②]。也就是说,这种思虑和选择的动机除了理性的参与之外,还加入了其他的感性成分的动机,这种动机中有很大一部分是按照因果律的自然概念进行衡量和思考的结果。而康德所推崇的意志自由的法则是没有任何动机的,是一种绝对命令形式的准则所表现出的自由。虽然康德声称这种任意的自由不能算作自由,但这种任意的自由却有了一种上升到真正自由的通路,那就是完全抛弃生活中的熟巧规则,以及按照因果的概念进行思虑和抉择的先决条件。换言之,当我们用绝对的准则指导我们的实践活动时,我们就从任意的自由上升到了真正的自由。任意的自由和真正的自由的区别的关键之处就在我们对行动方式进行思虑和选择时所凭借的是感性和实践理性混合的方式还是由自由法则所颁布的准则。我们在自己喜爱的美食面前出于自己健

①康德．康德三大批判合集:上[M].邓晓芒,译 杨祖陶,校．北京:人民出版社,2009:379.

②康德．判断力批判[M].邓晓芒,译．杨祖陶,校．北京:人民出版社,2002:6.

康的考虑而选择节制饮食是一种任意的自由,但当我们为了其他人不至于饿死而选择节制饮食则是一种意志的真正的自由。前者选择节食在于实践理性指导下的自然因果律规则下的思虑和选择,而后者则是在纯粹理性法则之下的规则指导。在后者当中因为我们用理性的自由所颁布的法则指导下的准则作为我们实践活动的全部动机,这时我们的意志是自由的,我们的行为是道德的。

我们可以看到,我们思虑和行动中所凭借的是感性的欲望动机还是理性的自由动机是区别我们的行动是任意还是自由的重要标准。在人类哲学处于童年时期的古希腊,柏拉图就对人做了理性、激情、欲望的三重区分。柏拉图认为,人的理性是人之为人的最高原则,也是人和动物区别开来的标志,理性控制着我们的思想活动。激情关乎我们在理性指导下的情况。柏拉图把欲望分为两类:一种是理性的欲望,这种欲望是对真和善的追求;一种是肉体的欲望,指人的肉体趋乐避苦的天然倾向。肉体的欲望如果服从理性的话,就能成为一种德性,而肉体的欲望如果背离理性的话就会造成德性的反面——邪恶[①]。也就是说,在柏拉图看来,理性在我们当中并不总是处于绝对的统御性地位,我们有很大的可能陷入欲望所主导的非理性的行为当中去,而这种非理性的行为因为受欲望的主导而变成了真善美的反面——邪恶。柏拉图对理性、激情和欲望三者之间的关系在《斐德罗篇》中有一个非常形象的比喻,他说,理性是驭马者,激情是驯服的马,欲望是桀骜不驯的马。也就是说,柏拉图早就发现了在理性与欲望之间存在着一种无法弥合的矛盾,这种理性和欲望之间的张力在人们进行思虑和抉择何者为主时就是人们行动是不是德性的一种区分标志,理性因为对真善美的追求和分有而克制欲望所采取的行动是对真善美的一种体现,理性的力量源自真善美,它所展现的行动是真善美在感性世界的彰显方式。

康德认为,人和动物的区别之一就是人能用理性克制自己的欲望,但"克制"一词同样表现出康德也认识到理性和欲望之间的紧张关系是一直存在于我们采取行动的思虑和抉择之中的。康德对先天综合判断的发现及其

①柏拉图.理想国[M].顾寿观,译.吴天岳,校.长沙:岳麓书社,2010:197.

根据的追索把柏拉图的处于理念之下对理念进行摹仿的副本世界规定为以因果律为规则的感性的经验世界，并进而把理念世界的源头从遥不可及的彼岸拉回到现实，归到人的理性的先天性诸范畴上来。随之而来的就是，我们行动的动机和思虑与抉择的条件从柏拉图所认为的遥不可及的彼岸的理念世界，转变为依托于先验世界以及以因果性规律为原则的经验世界。在此，康德抛却了柏拉图彼岸世界和此岸世界的两分，而仅在我们置身的感性世界中寻找出了我们诸理念的源头以及经验世界和理念世界相协调的方式。如果我们说自由的任意是人在经验世界中在一般实践理性指导下，在自然因果律原则下所进行的实践活动的话，我们必然还有一种由理念世界的自由所指导的，超出经验世界的自然因果律原则的自由型态。这种自由所展现的方式一定会比任意的自由更加纯粹，而善良意志就是以对行为本身的绝对的、好的意图的表现而被康德作为自己道德规律讨论的第一个内容。善良意志作为自由理念的一种展现型态向我们展示了理性自由的一种绝对的自主性，而这种自主性源自我们的意志自由。这也是我们下面要讨论的主要问题。

三、自由律令与善良意志

关于善良意志，康德说："在世界之中，一般地，甚至在世界之外，除了善良意志，不可能设想一个无条件善的东西。"[①]在康德看来，善良意志和我们人类所有的美好品质相关联，也就是说，在感性的经验世界中，善良意志带来的种种后果也是让人称颂和赞扬的。这里的主要原因是，只有在善良意志的指导之下，我们才能正确地使用我们那些自然禀赋。一个孔武有力而又智商超群的人在善良意志的引领之下可以做出造福人群的好事，这样的人如果失去了善良意志的引导，那他就很有可能造成更大的恶。善良意志作为我们实践行动的一种必需的出发点，或者说，善良意志必须作为我们开启道德世界现象序列的一种原因，因为假如不以善良意志为出发点，人身上的某些特性有可能会演变成最大的恶。如一个沉着冷静和头脑清晰的恶棍对人造成

①康德．道德形而上学原理[M]．苗力田，译．上海：上海人民出版社，2005：8.

的伤害更大，这种沉着冷静的特性可能让恶棍变得更加可恶。

那么善良意志为什么是善的呢？康德指出，善良意志“仅是由于意愿而善，它是自在的善”[①]。在这里我们可以看到康德义务论道德观的再次声明，善良意志之所以能被冠以“善良”之名，原因就在于它本身具有一种善的意愿。这种善是自在的，也就是说是先验的，在康德的哲学系统中，意志和自由是等同的，这样一来，善良意志就和先验的自由关联了起来。也就是说，我们的自在的善和先验的自由本是同一物，只不过在对先验自由的探讨当中我们称之为自由，而在善良意志中我们称其为自在的善，或者说，当我们的意志处于先验自由的状态时，我们是自在的善。善良意志是自在的，所以善良意志不把任何经验性的条件序列作为自己善的依据，善良意志并不着眼于让事物在时间进程中向好的状态发展，或者说在经验性序列中有一种对未来时间中的善的期许，也不因达到预定的目标而欢欣鼓舞。善良意志就在那里，它是一种自在的善，或者我们可以说，善良意志是出于纯粹实践理性的善。所以，善良意志是无比高贵的，仅仅为了满足我们感性的爱好的东西，甚至一切满足爱好的事物的总和，都无法和其相比。但我们要注意的是，善良意志的意愿并不能一直实现，或者说，有时候根本不可能实现，有时可能是自然世界的因果律让善良意志没有实现的途径。比如一个人见到有人落水而下水救人，这时我们可以说他完全是出于自己的善良意志而行动，但最终因为水流太急或水太深，落水者没有被成功救起来，善良意志在此一无所获，但这种出于善良而行动的意愿对我们的道德生活来说却有着无与伦比的价值。这个行动之所以具有无与伦比的道德价值，原因在于行动本身表现了一种绝对的自主性，而这种自主性的意愿是善的。在此，我们的善良意志充当了我们救人行动这个序列的开启的原因，而且这个原因是无条件的，我们去救人不是出于名声，或者其他人的悬赏，而仅仅出于我们的善良意志，善良意志在这里彰显了一种绝对价值。这种价值源于我们作为理性的存在者，在行动时会把善作为自己行动的指导原则，在其他人面临危难时，我们不会像动物那样逃之夭夭，而是选择一种出于善的意愿并在它的指引下做出

①康德．道德形而上学原理[M]．苗力田，译．上海：上海人民出版社，2005：9.

行动。

自然为了让相应的存在物达到目的给他们配备了相应的器官以达成这种目的。动物有爪子和锋利的牙齿是为了更好地撕咬以利于自己捕捉猎物，鸟长有翅膀是为了能更好地在天空翱翔，如此种种。我们人类本身也有相应的器官，如眼睛让我们看清外在的事物，耳朵让我们听到要听的声音等。也就是说，我们也拥有能使我们更好更快地达到目的的相应的器官，但除了与这些自然目的相契合的器官，我们还拥有理性和意志。自然赋予各种动物以相应的器官以达到目的，真正的目的是让动物得以生存。人也可以向动物那样靠本能来生存，也就是说，自然完全可以以本能作为驱使我们的力量，让我们没有能力对自然进行干预，防止我们的理性用于实践。这样自然就可以自己为人类选好目的和手段，并把二者都交付给本能来完成。但可以肯定的是，我们终究被赋予了理性，而理性可以作为实践能力，亦即作为一种能够对意志产生影响的能力。但我们要注意的是，理性对意志产生的影响并不是以满足感性欲望和自然本能为旨归的，理性的真正作用并不在于此，不在于让意志去完成其他的意图，“而是去产生在其自身就是善良的意志”[1]。在这里需要说明的是，我们的理性或者说我们的实践理性能够行动基本上有两种原因，一种是自然的、感性的各种欲望，另一种是理性的善良的意志。当我们按照感性的各种欲望行动时，我们受制于各种感性的需求，有时我们甚至采取一些恶的手段来达到自己的目的。有的人为了聚集更多的钱财，采取杀人越货，坑蒙拐骗的方式，而且在行动前用自己的理性，对如何达到犯罪目的进行仔细的思考和审慎的选择。我们理性在为这些坏的目的而服务时，受到感性对象的干扰和外来因素的限制，是不善的。同时因为我们的理性受制于自然性的种种外在事物，并以经验性的种种欲望作为引发自己行动的条件，所以在这里也谈不上理性的自由，我们看到的是陷入感性欲望的理性为达目的不择手段。与上述情况相反，理性摆脱种种经验世界中的感性束缚，从而产生在其自身中的善良的意志，也就是说，理性在这里自己产生善良意志并且把它奉为行为评价的首要标准。

①康德.道德形而上学原理[M].苗力田，译.上海：上海人民出版社，2005:12.

善良意志之所以善就是因为它可以摆脱一切感性对象的束缚和干扰，并同时把善作为自己行为的准则，而这种不受外来因素的限制而独立起作用的善的自主性，就是自由。另外，善良意志的善是理性的产物，而理性又用产自自身的善对自己的实践行为提出要求并约束自己，这是理性的自律。理性之所以能够用善来自己约束自己，本身也是理性自由的一种表现，因为只有拥有规则制定能力的理性才能自由地为自身制定规则，而这种制定规则的能力也是对自由的一种彰显。总之，如果没有意志的自由，善良意志就不能成为其本身。当善良意志出现时，我们的实践活动就不再受制于其他外在的条件和因素，而仅仅听从于善良意志的影响，在这种影响之下，善可以作为无条件的条件，为我们在经验世界中开启一个经验性的现象序列。这个经验性序列之所以能被开启，原因就在于理性的善充当了无条件的条件，因为善良意志的善是无条件的，并且源于理性，是一种自在的本体的善。例如，一个人对一个素不认识的人伸出了援助之手。我们可以找到这个人帮助他人的各种原因，比如他是个好心人，或他仅仅是为了博取乐善好施的名声等。但根据自然的因果律，在这个时间序列没有任何的因果律能够提前预知这个人会在这个时间中出手帮助其他人，唯有善良意志的"善"作为一个无条件者，开启了一个帮助他人的经验性序列。这个善是一种本体的善，而不是经验世界中的善，经验世界中的善只是善良意志的一种现象，或者说一种道德现象，而善良意志源于理性的先验自由。

如果说自由的任意可以在善或恶之间不断摇摆的话，在逻辑上，任意就存在向善的相反方向发展的可能，即道德恶。那么，当人们选择道德恶的行为方式时，我们还有自由吗?

四、自然欲求与道德邪恶

只要存在支持欲求或其他自然冲动规定的任意，就存在一种持续的危险。首先就是欲求或自然冲动对任意进行颠覆从而取代了任意的自由。在这种自然的本能冲动所主导的行为中，我们是没有自由的。一个好色之徒对受害者采取了冒犯的行为，然后声称自己是出于自然的冲动而做出此种行为，表面上看，某种自然的冲动和欲求取代了自由的任意。人作为物理世界的公民，必然受自然律的支配，这样看来做出这种行为就不能称为恶，而做出此种行为的人也就不需要为他的行为负任何责任。因为，当一种毫无选择的任意让位于盲目的冲动或欲求力量时，我们的行动并不是出于任意的自由，而这种不是出于任意的行动的责任就无法被归于个人，而只能归于那种自然的盲目冲动。这就在任意的自由中加入了另外一种力量，其他欲求和自然冲动，而一旦这种自然的冲动可以和任意的自由并驾齐驱的话，我们的任意的自由也将不复存在，因为源于自然的欲望和冲动的行为并不是道德的邪恶，所以我们可以不负责任。

康德意识到了这种风险，他提醒我们说，即使是任意的自由也有一种特点，即它不会根据动机而去行动，在行动前它必须将这种动机采纳为准则。也就是说，任意的自由拥有绝对自发性，所有的动机和自然欲望对任意的自由来说都是待选的对象，一个好色之徒出于某种自然的欲望而对另一人起了觊觎之心，但这种自然的欲望和觊觎的冲动并不能让他行动，他必须在采取伤害对方的行为达到自己的目的和克制自己的欲望两个准则之间选取一种方式作为自己行动的准则并使之成为他行动的普遍规则。在这种选择中，他有绝对的自发性，拥有着自由，他可以选择伤害他人以达到满足自身欲望的行为，也可以选择克制自己的欲望。无论他选择哪一种作为自己的行动准则，在这件事情上他都负有相应的责任，前者让他的行为成为道德恶的一种，而后者体现了人作为理性存在者应有的尊严和崇高。康德说过："要只按照你同时认为也能成为普遍规律的准则去行动。"[①]也就是说，任何动机在成为我们行动的准则之前都无法让我们采取行动，而采取何种动机作为自己行动的准则，这种权力归于任意的绝对自发性，这样动机和自由就能同时共存，我们选取何种动机作为自己的准则就决定了我们的行为是善的还是恶的，而出于我们任意的绝对自发性的选择也就意味着我们要对这种自由选择负责任。

---

①康德．道德形而上学原理[M]．苗力田，译．上海：上海人民出版社，2005：39.

当任意在其自发性中基于与道德律不相符的准则而行动时,这种行动就可以被称为道德的恶,而采取此种准则的行为者也要为自己的选择负责。唯有作为纯粹实践理性的意志自由才能与道德性相连,但是我们要注意的是,这个意志只颁布一些可能或不可能被遵守的命令,它既未触犯罪刑,也不做有德的行动,因为意志本身根本就不行动。纯粹实践理性的意志的命令有两种可能性。第一种就是被接受为我们行动的原则,从而充当我们行动的动机,这些行动就是富有道德价值的行为。第二种就是我们可以采纳一项与意志命令相对立的原则并采取行动,这是一种邪恶的意志,这种行为是道德的邪恶。但无论我们采取意志命令所制定的原则还是选取与意志命令相对立的原则,我们都必须在选择之后才能行动,而这种选择就是我们自由的一种表现。

我们考察了任意、善良意志、道德邪恶与自由的关系,但自由还有更加直接和纯粹的展现方式,那就是命令的方式。在以自由为保障的道德律令中,意志的自由就是实践理性的自由,而意志对善良意志的一种彻底表现就是“你应当”的绝对律令,下面我们就对绝对律令进行分析。

五、先验自由与绝对律令

我们知道实践理性的基础在于先验的自由,但我们关于先验自由的根据却不能从关于经验世界的知识中推断出来。康德提供给我们的认识系统只能认识经验世界中的现象,而绝对没有资格认识物自体的世界。但先验自由却必须要获得先天的保证,这样我们得以进行抉择的出发点和根据才能有所依托。如果没有先验的处于本体世界的自由,我们的自由就只能处于经验世界,而经验世界是自然因果律起到绝对支配作用的世界,在经验世界中我们毫无自由可言,唯有在先验自由能为我们提供一种本体性的自由保障的基础上,我们才能拥有道德生活。但我们要注意的是,我们所说的先验自由并非要从它包含着先验自由的知识这方面来理解,而要从先验自由可以对我们的理性力量的运用进行预先的假设方面来理解。纯粹理性尝试以概念的方式去了解先验世界，但这种尝试注定会失败。与纯粹理性执着于对真理的发现不同，实践理性并不在乎真理是否被发现，它也不把任何概念加之于自己的对象之上，但从先验自由的运用中我们可以推导出关于理性的先天规律，这些规律不是关于事物真假的规律，它们不像纯粹理性的知识那样存在大量描述和解释。从先验自由中推导出的规律只是关于我们做什么的实践规律，而自由的我们在所有的实践活动中必然受制于这些实践的规律，其原因在于这些实践规律是我们先验自由在进行理性能力运用时的一种衍生品，换言之，实践规律是先验自由的产物，所以接受这些实践规律是自由的预设条件。如果我们不拥有自由的话，即我们没有从先验自由的角度运用理性的能力的话，实践理性将会丧失实现自己的途径，也就无法实现自己。而先验自由让实践理性产生作用的手段就是形成律令。律令并不对世界进行描述，而是将自己赋予主体，这样实践理性就以律令的形式促使我们行动，也就是“通过实践规则的单纯形式决定意志”[①]。康德将这种仅受理性激发的能力叫作意志的自主性，在这里先验自由通过实践理性产生相应的律令让我们去遵守，而我们应该遵守的律令本身就来源于我们自己的先验自由和实践理性。在此情况下，我们身上表现出了一种自律的特性，而我们则作为一个能自律的主体而存在。在此，我们遵循的是实践理性所制定的法则，我们的存在就沾染上了理性的先验性。鉴于此，我们可以宣称，我们从自然存在者一跃而成了先验存在者。在这种状态下，我们无视自然的因果性对我们的限制，而把实践理性所颁布的律令作为我们行为的原因，而实践理性所颁布的律令源于先验的自由，所以我们是在一种自由因果性的原则下采取的行动。当然我们也有可能陷入与此截然相反的境遇，那就是我们的意志受制于一些外在的原因，而这些外在的原因主要就是自然因果性的原因，或者说任何不是从理性中找到的原因，如我们的欲望、情感、冲动等。康德把这种我们没有从实践理性获得动力而行动的原因称为“他律”，并以“他律”和有别于理性本身的“自律”相区别。二者相比，只有自律的行为者才值得我们尊重，并且意志的自律“是道德法则，因而也就是一个超感性自然和一个纯粹知性世界的基本

①康德．实践理性批判［M］．韩水法，译．北京：商务印书馆，2016：23.

法则”[①]。

由于自律仅仅以理性为尺度，而理性又是以律令的面目出现指导行动，所以自律就被康德描述为：“意志由之成为自身规律的属性，而不管意志对象的属性是什么。”[②]并且康德还认为，自律是“人和任何理性本性的尊严的根据”[③]。可以说，自律让人抛却了感性世界的种种外在因素的束缚，这些外在因素因在人与动物的身上共存而成为人身上自然性的一部分。自古希腊开始，人类就探索以各种方式祛除我们身上的自然性或者说动物性部分，同时寻求一种对我们理性部分进行张扬的有效途径。对我们理性部分张扬的原因在于人类本身是一个有限的存在者，也就是说人不可能在时间中长久地存在，我们终会像自然界的其他物种一样化为尘土，我们的理性清醒地认识到了这一点，但我们还是一直寻求着作为一个有限存在者应有的尊严。当我们把自己的目光从宗教为我们所许诺的彼岸和来世移开时，我们能做的好像只有在自然欲望中不断满足自己的物质欲望，但作为一个理性存在者，我们必然也会注目于作为一个理性存在者的尊严。我们不否认，人类社会中的大部分人有可能一直都生活在他律当中，但我们同样也应该承认，总有一部分人一直都以严格的理性自律来规定自己的行为方式。这种自律的行为方式不仅具有人类独有的道德性意义，而且还构成了人之为人的尊严的基础，因为在一切终将会湮灭的前景当中，我们没有像动物一样沉湎于感性的欲望而无法自拔，而是以对理性律令的持守彰显了一个理性存在者应有的崇高。这种崇高是人类所独有的，是理性的存在者所独有的，而张扬这种尊严和崇高的方式就是对理性律令的持守。

在康德看来，自然界的每一个事物都是遵照自然规律运转的，唯独有理性的人类有能力按照关于规律的观念，也就是按照原则而行动。例如宇宙中的天体都按照万有引力的定律在旋转运动而亘古不变，它们不知道自身为什么会运转，但人类却能理解万有引力的规律，并且将之运用于自己的行动

①康德．实践理性批判[M]．韩水法，译．北京：商务印书馆，2016：46.

②康德．道德形而上学原理[M]．苗力田，译．上海：上海人民出版社，2005：61.

③康德．道德形而上学原理[M]．苗力田，译．上海：上海人民出版社，2005：56.

中。能够按照原则而行动在康德看来就是具有意志，而“意志也就是实践理性”①。康德认为，一旦意志完全被理性所规定，那由这种意志所引发的行为就是一种客观必然的行为，同时这个行为也是一种具有主观必然性的行为。因为这时的意志在引发行为时表现出了一种只选取那些完全不受爱好影响而只符合理性，并且在实践上是必然的东西，换言之，属于善的东西。实践理性的律令可以分为假言命令和绝对命令。康德指出，所有的实践规律都有一个共同的特点，那就是把人们可能采取的行为看作善的，这种可能的行为对被理性决定的人们来说，就是一种必须要去践行的命令。在此意义上我们可以说，一切道德命令天然地都是被善良意志所规定的，命令式可以向我们指出，在某种情况下采取相应的行动是善的，而且可以为我们提供相应的与意志有关的实践规则，但我们的意志并不是因为某种行为是善良的就采取行动。有两种原因导致了这种情况。第一种原因就是主体并不总能认识到行为的善良性，如《扁鹊见蔡桓公》中的蔡桓公，他的疾病从肌肤一直深入骨髓，扁鹊一直提议对他采取治疗，但他因为没有意识到治疗行为对他的必要性，所以一直不愿意采取行动，最后一命呜呼。第二种原因就是即使主体意识到了行为本身的善良性，但主观的准则可能和实践的客观原则出现了抵触的现象，如每个吸烟者都或多或少地了解吸烟对人的身体会造成客观的危害，也知道戒烟对自身是一种善的行为，但主观上他们本身的意志总是能为自己继续抽烟提供各种理由。在这里，客观上我们已经了解了相应的规律，亦即意识到了这种行为的善，但主观的原则却拒绝对这种客观的善的原则（戒烟）加以执行。我们看到了一种主观意志和客观规律之间的对立，而二者之间的契合程度就彰显了自由的善在我们行为中的影响力，或者说是个人主观的欲望原则与自由的无条件的善良意志之间的角力结果。

实际上，当我们具有理性力量时，就会在了解规律的基础上意欲一些东西的可能，而这个可能就表现为我们意志的一个意图（目的）。在我们实现意图时，有很多种行为原则可供我们选择，比如我想吃美味的食物，可以自己种菜、收割、烹煮，或从菜市场购买原料自己烹饪，或备好材料把厨师请到

①康德．道德形而上学原理［M］．苗力田，译．上海：上海人民出版社，2005：30.

家里来帮忙,或直接叫外卖,或选择去偷去抢来达到这个意图。在这里我们会发现,我们有一种为达到目的而采取的行为方式,或者说是意志的一种指示,这种指示康德称为"技艺性命令"[①]。技艺性命令专注于达到目的,至于目的本身是否合理,是否善良都不在这个命令的考虑范围之内。在此意义上,我们可以说,一个医生为了把病人治好而采取的治疗方案和一个人为了把另一个人毒死而采用毒药的决定,就二者都是服务于一定的意图(目的)而言,它们在价值上是相同的。但是,我们人类是理性存在者,而且是具有善良意志的理性存在者,所以我们绝不可能为达目的不择手段。我们在采取某种行为方式前,总会进行思虑和选择,这种思虑和选择首先就是对达到的目的进行考察,其次是对达到目的的手段进行选择,这表现出了一种目的和手段的互动关系。

康德认为,从目的和手段的关系上看,那种只是作为达到目的的一种手段而行动的行为,是假言的。假言命令的目的是假设的,而律令则向我们传达了一种达到目的的手段。例如"如果你想被大家认为是一个英雄,那就别做那些没有骨气的事"。在这里,被命令者还没有成为一个英雄,"成为英雄"只是一个尚未被达到的目标,而不做没有骨气的事则向我们提供了一种成为英雄的手段。我们要注意的是,这个命令对于一部分想成为英雄的人而言是有效的,而且他们也可以通过不去做没有骨气的事而成了人们心目中的英雄。但对于不想成为英雄的人来说,这个命令的效果可能就非常有限了,一个不想成为英雄的人完全可以自暴自弃,并且用种种理由为自己辩护。康德在讨论假言命令时,提到了关于幸福的观念,他认为关于幸福的目的可以作为一切有理性东西的命令对象,幸福有一个确定无疑的前提。康德认为"根据自然的必然性所具有的完整意图"[②],就是一个对幸福的意图。康德把幸福看成是建立在我们感性的欲望基础之上的,但这种建立在个人自然性基础上的幸福是一种个人感性欲望的满足,所以人们对幸福的定义也会见仁见智:一个整天大鱼大肉为食的人可能认为小米稀饭吃起来是一种享受,这种

①康德.道德形而上学原理[M].苗力田,译.上海:上海人民出版社,2005:33.

②康德.道德形而上学原理[M].苗力田,译.上海:上海人民出版社,2005:33-34.

简单的饮食方式会给他带来一种幸福感；而一个只能一直吃小米稀饭的人可能认为吃小米稀饭是一种折磨，是自己不幸福的根源。这种幸福感的产生建基于自身感性的自然欲望上，这也就意味着幸福的达成是建立在一定的条件之上的，亦即达到幸福的行动不是出自本身，而是作为实现另外目的的一种工具、手段。这种与感性欲望相关联的幸福是有条件的，在此意义上，我们对感性幸福的追求是假言的，而这种命令康德又称之为“机智命令”。这种幸福源自感性欲望的假言命令因为其条件性即使达到了目的也无法拥有无条件性，所以这种幸福感非常符合我们的自然性，我们追求这种幸福无可非议，但这种幸福因为有条件性而不能称为真正的幸福。同样，在这种幸福中我们感觉不到任何自由，反而有一种欲壑难填的不满足感，因为当幸福的目的通过一定的手段达成之后，马上又会产生新的对幸福的追求目标，而要达到这种目标我们又要采取一定的手段，如此往复，幸福就变得支离破碎。康德认为，真正的幸福只能是一种德性的配当，也就是说只能源自自由，只有在一种本体性的自由支撑下，我们才能产生一个合乎理性的目的，并且我们的行为才是善良的。

与假言命令完全相反，绝对命令不包含“如果”这一条件，它们只告诉你绝对要做什么。但是，当我们要求一个主体去做什么的时候，绝对命令需要提供一种理性的辩护。例如，当我对一个人说“停手”时，如果我不能说出让他停手的理由，则我的命令就只是一种任意的命令。如果我给出了满意的答复，那么“停手”就可以成为约束他的命令，比如，我告诉他需要停手的原因是如果不停手的话会触电。这个原因涉及了某种个人利益，这个命令就不能再算作是绝对命令，这时它只能是一种假言命令。只有我们的理由将行为本身表现为目的时，我们才能拥有绝对律令。在此意义上，康德指出：“定言命令，即绝对命令则把行为本身看作是自为地客观必然的，和另外目的无关。”[①]绝对命令的标志是出现了“应该”的内涵，比如“你应该停手”等。在绝对的“应该”中，我们才能拥有理性的绝对律令，而绝对命令就表现了一种理性和意志的契合，因而是理性的绝对命令，并且对所有有理性的存在者无条

①康德.道德形而上学原理[M].苗力田，译.上海：上海人民出版社，2005：32.

件有效。也就是说,一个定言的命令必须符合以下两个条件,首先行为本身必须是善的,其次这个命令还必须处于一个合乎理性的意志之中。我们可以看到,绝对命令直接决定人的行为,它所涉及的不是行为的质料,更不是由此带来的后果,而是行为的形式,亦即我们行为本身所持守的一种原则。

康德明确指出,定言命令是属于德性的,"属于自由作为,属于道德的命令"[①]。这里我们必然会问一个问题,这些命令是如何可能的?也就是说,同一意志为何在技艺性命令、假言命令、绝对命令三者中展现了不同的意志力量呢?技艺性命令很好理解,当一个具有理性的人想要达到某种目的时,理性总会为其达到目的提供相应的手段。从意愿的角度来看,我想要达到的目的就是我行动的一个后果,或者说我的目的蕴含在我行动的结果当中。在此情况下,我们就是行动着的原因,也是一个工具的使用者。技艺性命令是从意愿中引申出行动的概念,所以这个命令是分析的,也就是说,意愿本身就暗含着一种行动,而这种行动指向目标的实现。而这个目标的实现必须凭借我们所采取的某种手段。至于关乎幸福的假言命令,和技艺性命令就完全不同,这是因为幸福概念所包含的因素全部源自感性的经验世界,这就使得幸福的概念具有极大的不稳定性。从这种理论上来说,只有我们现在和将来幸福状况的绝对全体才能被称为"幸福",但即使我们掌握了关于幸福的所有要求,控制了取得幸福的所有手段,依然难以给出一个确定的幸福概念,因为我们是时间中有限的存在者,我们可以掌握当下的眼前的幸福目的和手段,但无法把控未来的幸福。塞翁失马的故事最能说明这个问题,丢了一匹马对塞翁来说绝不是一件幸福的事情,但丢了的马却带来了其他的马匹,不幸福的事情转变成了幸福,他的儿子却因新来的马匹摔断了腿,幸福又转变成了不幸福,最终他的儿子因为残疾免于服兵役而保全了性命,不幸福又转变成了幸福。所以说,"故福之为祸,祸之为福,化不可极,深不可测也"[②]。在我们的经验世界中同样存在此类情况,博学对于一个人来说是一件幸福的事情,因为这样我们就可以领悟到一些别人领悟不到的问题,对世界诸物均

①康德.道德形而上学原理[M].苗力田,译.上海:上海人民出版社,2005:35.
②王彤伟.传统文化经典读本•成语[M].成都:四川辞书出版社,2018:151.

能体察至深,深味生命的乐趣。博学也让人发现其他人发现不了的问题,看到其他人所觉察不到的邪恶,这同样会给博学者本身造成巨大的负担。我们发现我们总能从经验性出发的概念中找到其相反的方面,建立在经验上的幸福概念根本找不到一个万无一失的原则。要寻找到这种万无一失的原则只有无所不知的人才能做到,因为这种万无一失的幸福原则背后依托的是一个无限因果系列的全体,而我们只是一个时间中的有限存在者,所以我们只能听从经验的劝导,诸如吃亏是福、勤俭持家、谦虚谨慎等。这种经验的劝导对维持我们日常的道德生活是非常必要的,但这样一来,关于幸福的机智命令(假言命令)与其说是一种理性的律令,不如说是一种理性的劝导。在此意义上,关于幸福的机智命令就和技艺性的命令相同,二者都是给人们指定手段,以便达到相应的目的;二者都是对想要达到目的的人指示出一定的手段,所以他们都是分析的,二者也都是假言命令。

与技艺性命令和机智性命令不同,绝对命令的可能性只能从先天性中加以寻找,如此我们就要回答一个类似于纯粹理性的问题,那就是先天综合的实践知识是如何可能的。通过上述分析我们已经发现,技艺性命令和机智性命令本质上是一种分析性的命题,这种假言式的命令对主体没有提出任何真正的要求,而只是着重于在主体的目的和能够达到目的的手段之间进行一种联结。而绝对命令则与它们完全不同,绝对命令提出的是真正的绝对的无条件的要求,在此意义上,绝对命令要求一种实践上的普遍必然性,所以它绝不能是分析的,而只能是综合的。另外,绝对命令的基础在于理性,所以绝对命令的依据必须在先天的理性中去寻找。绝对命令拒绝从任何经验性的条件出发树立自己的威权。我们要避免“从人性的个别自然素质,从某种情感和嗜好”[①]为绝对命令寻找根据。如果我们从这些方面寻找绝对命令的根据的话,就等于自己放弃了绝对命令的先天性基础,而这种为绝对命令寻找可能性依据的方法犹如缘木求鱼,终不可得。如果我们要从理性中寻求一个仅仅源自它的命令,那么我们首先必须消除所有个体之间的差异,也就是说取消所有个体的喜怒哀乐、爱恨情仇以及所有对个体性有所限制的条件,达

①康德.道德形而上学原理[M].苗力田,译.上海:上海人民出版社,2005:44.

到一种源于个体又高于个体的理性概念。通过这种抽象,我们得出了自己是"知性世界的一个成员"[①]的观点。这个作为理念世界的一员的"我",一方面是存在于我的经验世界之外的,另一方面又是经验世界中的个体,可以被任何理性存在者所接受,而不管这个存在者处于何种境遇当中。所以理性所提出的绝对律令是对所有理性存在者都普遍适用的命令。定言命令之所以可能,源自我们是一种理性的存在者,而"这理性在自由观念中包含着知性世界的规律"[②]。和其他生物不同,人类能够意识到自己是理念世界的主体,并且能够从理念世界得出我们本性的自由概念,同时又能够意会到包含在这个理性的自由观念中的知性世界的绝对律令。因为我们是理性的存在者,而且同时是能够意识到自己是自由的理性存在者,所以我们必须把自由的律令看作是对我的命令,也就是看作对每个理性存在者都普遍适用的。既然理性的命令对所有理性存在者都是适用的,那么我们如何解释技艺性命令和假言命令的存在?我们又如何解释道德生活中那些没有遵循绝对命令的行为的产生?康德对此的解释是,我们不但是理念世界的成员,而且也是感性的经验世界的一员,如果我们仅仅是理念世界的成员的话,那么我们"全部行动就会永远和意志的自律性相符合"。但另一方面,我们又是感性的经验世界的一员,所以我们的行动也是感觉世界中的一种因果性现象。我们的行为和绝对命令的关系就是:"我就应该和这一规律相符合了。"[③]在康德看来,绝对命令是纯粹、实践的意志,这种纯粹的实践意志来源于在理性上包含着被感性所作用的意志最高条件的知性世界,所以绝对命令是一种无条件的先天命题。在这里,我们可以发现一种类似纯粹理性的知性概念加之于感觉世界的直观的一种方式,由于这种知性概念和感觉直观的结合,我们在理性上的先天综合命题得以可能。在绝对命令中,我们也可以发现类似的先天实践性的综合命题,它展现的方式就是源自理性的纯粹的意志观念和沾染了感性世界欲望的意志的结合,这种意志源自理念世界,但同时也被感性的欲望所作

①康德.道德形而上学原理[M].苗力田,译.上海:上海人民出版社,2005:78.
②康德.道德形而上学原理[M].苗力田,译.上海:上海人民出版社,2005:78.
③康德.道德形而上学原理[M].苗力田,译.上海:上海人民出版社,2005:79.

用。所以这种律令的展现方式就是一种源自先天的纯粹意志，但同时又可以把它的威权的影响力扩展到经验世界中来，这使得一种先天的综合实践命题得以可能。

对这种先天综合的命题，我们必然要从其先天性上进行研究，但因为在先天性这一方面研究的困难，所以康德首先对定言命令能否向我们提供一种公式进行研究。康德认为，我们能知道被我们所设想的定言命令的内容，究其原因就是这种命令式中不仅包含着规律，而且还暗含着与规律相合的准则。但我们要注意的是，这种规律中并没有限制自己的条件，这样一来除了行为规则符合普遍规律性之外便一无所有了，而这种符合性让命令式本身成为一种必然。康德在此意义上得出了第一条绝对命令，那就是："要只按照你同时认为也能成为普遍规律的准则去行动。"①在这里，"准则"这个词语蕴含着原则和动机两层意思，一个绝对律令总是支配并且总是规定一条法则。所以这条原则是一种形式上的，也就是说，原则本身并没有支配任何具体的东西，这种没有支配任何具体的东西的性质让原则不具有任何条件性，这样就得以避免落入假言命令的窠臼，同时这种形式性让原则本身达到一种无条件的适应性，这种适应性让原则得以囊括所有的理性存在者，这样，没有支配任何具体的东西的原则在此意义上达到了一种无条件的支配性。另外，在此原则之外，我们所有的行动在实施前都要对目的进行考察，而考察的依据就是此定言命令。这样这个原则就为我们所有可能的行为目的进行立法，它允许一些目的同时禁止一些目的，它杜绝一些意愿同时鼓励一些意愿。在此意义上，这条法令又是综合的。例如，这条法令禁止说谎，因为任何说谎者在说谎时都出于某种原因的考虑，比如得到其他人的赏识，或者保全某种既得的利益等。但所有说谎者为自己说谎找出理由的行为都表明了，说谎者也并不希望别人从自己这儿得到谎言，或者说在说谎时他们也已经知晓这种行为的非法性。每个说谎者都意识到自己在说谎，也就是说承认说谎不能作为普遍性的准则，因为如果每个人都对他人采取说谎的方式，那我们就没有道德生活可以拥有了。当所有人都是说谎者时，人与人之间没有诺言存在，也

①康德．道德形而上学原理［M］．苗力田，译．上海：上海人民出版社，2005：39.

谈不上什么诚信,有的只是无尽的谎言。当所有人都说谎时,就等于取消了人类的交流,因为当身边的每个人都是说谎者时,我们只能得到无用的信息,我们的知识和文化无法传承和发展,每个人都只能相信自己而无法确定其他人的信息是否正确,这样人与人之间的信任感就会荡然无存。我们可以发现主体居于一种矛盾之中,那就是绝对命令与被禁止的行为之间的矛盾。表面看来,二者的冲突把主体置于矛盾之中,而在康德看来,对二者的选择也是人的自由的一种表现方式。在这种自由中,我们有可能出于自己感性欲望的满足而告诉自己,只此一次,下不为例。如此,在我们的意志里就存在着这样一种冲突,某一原则似乎在客观上应该是普遍必然的一种律令,如"不说谎",但在主观上我们却允许这个律令在自己身上有所例外。我们会发现一个有趣的现象,那就是我们一方面从理性的绝对命令角度来审视自己的行为,另一方面从受爱好影响的意志的角度来审视自己的行为。其实,在这里并不存在任何矛盾,而是"爱好和理性规范的对抗"[①]。但无论如何,在这种行为中彰显了绝对命令的普遍有效性,只不过理性的律令和个人的爱好因为某种原因产生了对抗,但这种对抗恰恰表明了绝对律令的普遍有效性,因为有绝对律令力量的存在,人类才能和被爱好影响的意志对抗,否则就没有任何对抗可言。另外,允许自己身上存在例外的思想同样如此,"例外"一词本身就暗含着对绝对命令的认同,否则自己就不会称不符合绝对律令的行为为"例外"。康德也指出:"在尊重定言命令的前提下,我们似乎只有在不得已的时候,被允许搞一点无关宏旨的例外。"[②]我们也可以看到,就我们所举的不说谎的例子而言,能真正做到不说谎的人恐怕很难找到。当一个妈妈告诉生病的小孩子"打针一点都不痛",或者当一个人身患绝症人们总会告诉他"你马上就会好起来"。生活中这样的事情经常发生,严格说来这些都是不符合绝对命令的。但当我们告诉小孩子打针不痛,告诉身患绝症的人他马上就会好起来时,我们知道自己说的是假的,也就是说我们自知自己在说谎,这种对自己正在说谎的意识恰恰表明了我们对绝对命令的一种尊重。上

①康德.道德形而上学原理[M].苗力田,译.上海:上海人民出版社,2005:43.

②康德.道德形而上学原理[M].苗力田,译.上海:上海人民出版社,2005:43.

例中，如果告诉孩子打针很痛等真实的话语，孩子可能会不配合治疗，告诉一个垂危的病人其时日无多的事实可能会影响他的心情，从而加重他的病情。在这种不得已的情况下，我们允许例外的出现，但这个例外一定要无关宏旨，也就是说，不会给他人造成伤害，更不能因此损害绝对命令的尊严，导致绝对命令威权的丧失。所以，我们可以对需要打针的孩子说打针不痛，但绝不能对想要钱买东西的孩子说可以去银行抢钱。因为前者无关宏旨，而后者则不同。

康德还把只按照你同时认为也能成为普遍规律的准则去行动的律令当作那个著名的黄金法则——“己所不欲，勿施于人”的基础。这个律令是从理性中推出的，所以它具有先天性，而先天性则让他有资格成为普遍性的形式，普遍存在的先天性让他有一种威权，那就是具有无条件的“应该”，即必然性。这样我们就可以得出，绝对命令是一种先天综合实践的命题。绝对命令对我们目的的衡量，首先必须要知悉我们行为的目的是什么，而绝对命令依靠的就是对理性主体的身份外的一切事物进行抽象，在此意义上，理性存在者必须提供自己的目的。在康德看来，提供目的的能力源于我们的意志，意志是“一种按照对一定规律的表象（Vorstel-lung）自身规定行为的能力”①。而只有在理性的存在者中才能找到这种能力，而设定一定的目的就是意志自身规定的客观依据。在这里，导致目的的原因，一种是由理性确立的，这种目的必然适合一切有理性的东西；另一种是由主观欲望确立的，这种情况包含着一种行动可能性的东西，即手段，但这个行动的结果才是目的所在。建基于理性上的目的，我们称之为动机；建基于主观欲望上的目的，我们称之为冲动。当实践的原则不受主观目的影响时是完全形式的；当它以主观欲望为目的，也就是以某种冲动为根据时，是质料的。这种建立在主观欲望基础上的质料目的能够满足某一主体的特殊欲求，当这种欲求得到满足时，它们就具有价值性。但是，这种价值性并不对一切有理性的东西适用，更无权向每一个意志提供普遍必然性的原则，更不能提供一种实践规律和绝对律令。所以，目的具有相对性，而这些相对目的只是假言命令的一种根据。当我们

①康德．道德形而上学原理[M]．苗力田，译．上海：上海人民出版社，2005:46.

的目的由理性而导致时，它能自在地成为一个确定实践规律的依据，从而对所有的理性存在者都适用，同时它自在地具有绝对的价值，在这种目的和价值里，蕴含着绝对命令的一种根据。

在康德看来，每个理性存在者都自在地作为目的而实存着，所以人作为理性存在者绝不是任凭某个意志随意驱遣的工具。我们作为理性的存在者在行动时，无论是对于自身采取的行动还是对其他理性存在者采取的行动，都只能被当作目的。康德在此还对"物件"和"人身"进行了区分，他指出，那些不以我们的意志为依据，而以自然的意志为依据的东西，亦即源自自然欲望的东西就是"物件"，而有理性的东西就叫作"人身"。[①]之所以被称为人身，原因就在于我们的本性自身自在地就是目的，是一个需要被我们尊重的对象，而且更是一种绝不能被当作手段使用的对象。人类的实存本身就是目的，并且是一种任何目的都不可取代的客观目的，任何其他事物只能作为手段而为我们的这个目的服务，也就是说，自在的存在者是一切价值的主体，因为除了在自在存在的理性人类身上，在任何地方都无法找到具有绝对价值的东西了。

假如我们需要对人的意志制定一个绝对命令，那么它的制定原则必须建基于对任何理性存在者都是某种目的的表象之上，但由于每个人都是理性存在者，都是作为自在的目的而存在着的，我们这种自在的目的本身就可以构成人们意志的客观原则，从而成为普遍的实践规律。我们自在的目的之所以会成为一种客观的原则，原因就在于"有理性的本性作为自在目的而实存着"[②]。人们必然这样表象自己的实存，所以它是人们行为的主观原则。而每一个理性的存在者必然也像我一样表象自己的实存，这样所有的理性存在者都作为自在目的而实存着，这条原则也就是一条客观原则。这里康德使用了一种由一个理性存在者推及其他所有理性存在者的方法，在意识到自我理性本性及其自在实存时，作为理性的自在存在者成为我们行为的主观原则，而所有其他的理性存在者也必然和我一样具有这种意识，所以这条理性作为一

①康德．道德形而上学原理[M]．苗力田，译．上海：上海人民出版社，2005：47.

②康德．道德形而上学原理[M]．苗力田，译．上海：上海人民出版社，2005：48.

种自在的存在者就成为对所有理性存在者都适用的客观原则。康德认为它可以称为“实践的最高根据”①,因为从中可以推导出意志的全部规律,以此实践的最高根据作为基础,康德推出了第二个绝对命令公式,它的法则如下:“你的行动,要把你自己人身中的人性,和其他人身中的人性,在任何时候都同样看作是目的,永远不能只看作是手段。”②康德从对责任概念的分析中来对这一法则进行证明。

首先,对自己的必然责任进行分析。如果我们自身作为理性的自在存在者而存在,那么我们的存在本身就是一种目的,而我们对作为理性的存在的必然责任就是对这种目的性加以无条件的维持。当一个人准备做出自戕的行为时,他就违背了把自身作为目的的观念,因为如果他是为了摆脱艰困的境遇而采取伤害自己的方式的话,那么他只是把自身看作一个维持生命的工具,而没有把自身当作一个拥有理性的自在目的存在者。但人并不是物件,也绝不是一个可以仅仅被当作工具而使用的东西,所以我们在任何时间的任何行动中,都要把自身当作目的来看待,这也就意味着我们每一个人都没有权利处置代表我们“人身”的人,无权对我们的身体造成任何伤害。在这里,我们会发现康德对人和物的区分,构成了他的“权利”概念的基础。在康德看来,只有理性的存在者才有自在的目的,所以才能拥有权利,非理性的存在者就谈不上权利的问题了。

其次,对他人的必然责任进行分析。在康德看来,一个人在对他人做出不兑现承诺的行为时,那么这个人就是在把别人当作自己的工具,即实现自己某种目的的工具。而违背诺言的人之所以被大家所鄙弃,就是因为作为理性的存在者,当别人把自己当作实现某一目的的工具时,每个人都是难以忍受的,这种不堪忍受源自自己的目的性被一种手段所取代,这会让人产生一种不被尊重的感觉。这种不被尊重感产生的原因就在于自己的人格被一种工具性的方式所践踏。当一个人遭受其他人的背信弃义时,导致他痛心的绝不是这种背信弃义的行为所产生的结果,而是源自他被其他人当作工具所使

①康德.道德形而上学原理[M].苗力田,译.上海:上海人民出版社,2005:48.
②康德.道德形而上学原理[M].苗力田,译.上海:上海人民出版社,2005:48.

用的方式。每个人都能在其行为中体会到忠于自己的目的,信于他人的目的的力量,而这力量的源头在于对任何时候只能把他人当作目的,而不能把他人当作工具的绝对命令的持守,这其中展现了人作为理性存在者的一种尊严。

再次,对自己的可嘉责任的分析。康德认为,我们的行为只是和人身中作为自在目的的人性不相冲突还远远不够,我们还必须在独具的人性之中寻求不断自我完善的能力,而这种自我完善的能力不需要向外寻求,它就寓于我们主体自身之中,这是每一个理性存在者都具有的目的,即使忽略了这个目的也不妨碍我们把自身和他人作为一种目的来对待,却无法更好地促进将人当作目的的实现。康德在此把我们的责任概念置于一种时间性当中,因为随着时间的推移,人自身的自在目的也会有所变化,虽然这种变化不会超出一个理性存在者的自在目的这个范围,但我们的责任不仅仅是不把他人当作工具,我们还有一种不断对这种人的目的尊重和完善的责任。不同历史背景中的人对世界的认识各不相同,随着我们知识的发展,我们所能了解并加以运用的自然规律越来越多,我们对人类自身也拥有了越来越多的工具化手段,甚至有时我们会在不自知的情况下把别人当成一种工具,同时在不自知的情况下也成了别人的一种工具。例如,在科学技术取得空前进步的今天,人类产生了一种对效率、速度、效果的追求,这种追求就是一种工具化的倾向,或者说是一种对工具理性的崇拜,这种工具理性不仅应用在对工业生产的衡量上,而且不断地向我们的社会文化和道德领域侵蚀。工具理性以其立竿见影的效果而备受青睐,而我们却对这种对我们全体进行手段化的工具甘之如饴,这实则就是人类自身对可嘉责任的一种过失,我们丢弃了完善自身的能力,或者说我们放弃了随时对自己的目的进行勘察,也不再探问我们是把自己的自在目的不断完善还是离自身的自在目的越来越远。在康德看来,绝对律令是一种主观欲望的目的和我们的自在目的的一种博弈,而工具理性把一切都可以作为达到目的的手段本身就是对我们自在目的的一种最大戕害。我们如果询问一个人关于幸福的标准,他的答案可能是:有足够多的钱,有个大房子,有个好老婆,有一个听话的孩子等。这是把自身作为一种工具和手段，同时把自己的幸福和一些主观的感性物质欲望相联结的幸福观念。严格意义上来说，这是一种对自身责任的无视，这种无视的态度首先导致我们对自己可嘉责任的忽略，并随之引发对绝对律令永远不能把人当作手段，而只能把人当作目的的冲击。

最后，对与自己可嘉责任相关联的他人的可嘉责任的分析。一般来说，每个人的自然目的就是他本身的幸福，并且对这种幸福的追求是无可非议的，这属于人的一种自然性。所以在我们有意地对别人的幸福有所助益的时候，我们可能就希望从中有所得，否则我们不会花力气去为别人谋幸福。而当我们在有所得的情况下去对其他人的自在目的进行帮助的时候，我们的行为是消极的，而不是积极的。因为在理想状态下，我们应该尽自己所能促使他人自在目的的实现，在此情况下，自在目的的主体目的，一定会尽可能地成为我的目的。康德在这里对他人可嘉责任的分析有一种"我应该为人人"的意味，但如果我们都把对他人的可嘉责任当作一种自身不可推卸的责任来看待的话，实际上也是把别人当作目的的一种实现方式，因为在我们帮助别人实现自己的自在目的时，我们首先要承认只能把人当作目的而非手段，否则在帮助别人时我们很可能求取回报，而求取回报也就意味着把别人当作一种达到个人目的的工具。另外，如果我们每个人都重视对他人的可嘉责任，那么理性存在者之间必然会形成一种"我为人人，人人为我"的状态，我们将会看到每一个人都对其他人的自在目的有所助力的局面。比如，在生活中，商家为了赚取更多的利润，在原料中添加对人的身体有害的物质，而且人类科学的发展让这种手段越来越隐秘。这是一种对他人可嘉责任的放弃，而对他人可嘉责任的放弃也就等于放弃了他人对自己的可嘉责任，因为每一个行为不良的人内心的理由可能都是"别人的死活和我有什么关系"，殊不知，我们每一个人都是其他人眼中的"别人"。我们尽我们所能把其他人当作一种手段，我们也变成了其他人的手段，在这种互为手段的关系中，我们的自在目的被遮蔽了，这种源自感性欲望的目的成为主流，人的自在目的被放逐。作为理性存在者的我们有被整体工具化和手段化的危险，而这种风险的根源就在于我们对他人可嘉责任的放弃和无视。

从对以上四种责任的分析中我们可以看到,自主的理性存在者是所有价值的主体,并且是这些价值得以可能的条件。我们必须对每一个理性存在者加以尊重,唯有如此,我们才能产生相应的价值,因为只有让每一个主体“以自己为目的”而存在,人类这个群体才能真正地彰显出应有的崇高和尊严。而对一个主体加以尊重,严格来说对自由是一种限制,这种限制就是我们必须尊重所有人的自由,否则我们的自由便无权声称自己产生的律令是具有普遍性的,而如果我们要赋予每一个人以自由的话,就要顾及每一个人的自主性。要对每一个人的自主性不造成影响和伤害的话,我们就要永远把人当作目的,而绝不能把人当作手段,无论对自己和他人都应该如此。在这里,康德一再强调的就是,我们绝不能把理性存在者仅仅当作一种外部可供我们驱遣以达到个人感性欲望的手段,因为这样就否定了我们自己和他人的自主性,而对自主性的否定就意味着对理性存在者尊严的亵渎,而这种亵渎让我们对自身的尊重没有着落。在对律令的制定中,我们总是尊重理性的主导权利,所以,尽管我们的法则形式是普遍的,即我们要按照同时自己认为也能成为普遍规律的准则去行动,但它的内容却必须由以自身为目的的理性存在者来进行填充。这种填充的要求就是,必须始终把人当作目的而不能把人当作手段,因为如果失去了理性存在者这一价值主体的承载者,律令就没有普遍性,同时也丧失了应有的价值。在这里,我们必须将永远把人当作目的这个道德法则作为一条普遍的规则来对待,它同样约束着理性存在者,而对这种约束的背弃将导致人的不自由。在康德看来,在绝对的理想状态中,我们每一个人的意志都有资格成为普遍的立法意志。

一般来说,作为每一个理性存在者行为最高界限的理性本性是自在目的这一原则绝不可能从经验中得来,因为经验中的目的总是和手段相关联,所以只能产生一种有条件的目的性。而理性存在者的自在目的是具有普遍性的,这一普遍性让他对所有的理性存在者都适用,而这种普遍性在经验中是无法被找寻到的,因为经验无法提供给我们普遍性。我们要注意的是,自在目的在这里并不是主观地被当作目的的对象,而是被当作一切目的的最高条件的规律。自在的目的在这里成了一种客观目的,这种客观性保证了我们只能选取来自纯粹理性的目的，所有的实践立法都需要以客观的规则为依据，而这种客观性法则的一切目的的主体却是在于人本身，康德由此推出了实践意志的第三个律令，并把这个律令当作自身和其他全部实践理性相协调的最高条件，那就是："每个有理性东西的意志的观念都是普遍立法意志的观念。"[①]如果我们遵从这个原则，所有和意志自身的普遍立法有所冲突的准则都难逃被抛弃的命运，我们只剩下由意志自身所制定的律令，也就是说，意志自身作为一个立法者，也必须服从自己的立法。我们的意志在立法时是通过它的全部准则而普遍立法的，它是一种绝对的律令，而这种绝对律令在一切可能的命令式中都是无条件的。这种绝对命令要把来自意志准则的一切都看作是一个自身普遍立法的意志所制定的，这就保证了我们的道德实践活动所持守的命令是无条件的，绝没有建立在任何的感性欲望之上。在这里，意志以自律的面目出现，它自己立法并且自己遵守这种律令，也就是说，所有关于目的的思考也是对理想世界的假设。在这个世界中，事物自然以符合其自在目的而存在着，同时也应当像其自在目的所要求的那样存在着。在这个目的的王国当中，理性没有什么冲突者存在，而作为理性存在者的我们既是那里法则的制定者，也是法则的必然持守者，并作为一种主体者和主宰者的身份在自在的目的王国中存在。康德把这种状态称为"意志的自律原则"[②]，因为从意志的角度看，意志在这里没有受到任何外在条件的束缚，它是完全自由的，但实际上这种自由是建立在对自己制定律令的持守之上的，所以意志自己在约束自己。这种自律是自在的，也是自主的，更是自由的。康德明确指出："道德法则无非表达了纯粹实践理性的自律，亦即自由的自律。"[③]意志的自律性，是意志成为自身规律的属性，它并不对意志的对象为何物予以关注，所以自律所遵循的原则必然是，在某一意愿中除非所选择的准则同时也被理解为普遍规律，否则就不要做出选择。这种意志的实践规则是一种命令式的，这就意味着这条规则对任何有理性的东西的意志均具有约

①康德．道德形而上学原理[M]．苗力田，译．上海：上海人民出版社，2005:51.
②康德．道德形而上学原理[M]．苗力田，译．上海：上海人民出版社，2005:53.
③康德．实践理性批判[M]．韩水法，译．北京：商务印书馆，2016:34-35.

束力。在此意义上,我们可以说,自律性是道德的唯一原则,上面我们对绝对命令的分析也已表明,道德原则必然是一个绝对命令,而这命令所颁布的,恰好是意志的自律性。在康德看来,我们的道德是建立在"人"这个理性存在者的自身基础之上的,这在伦理学上是一个巨大的进步。因为在古希腊时期,柏拉图认为我们身上的善是和理念世界的善相类似的,但柏拉图绝不会承认人身上可以完美地展现理念世界的善,因为在柏拉图看来,理念世界的善属于彼岸世界,我们只能偶尔与其神交,或者偶然间沾染、分有一点而已。柏拉图对理性、欲望和激情的三分也强调理性应该和激情结为盟友,克制欲望,但柏拉图对人能够自律却没有表现出多大的信心。柏拉图这种对彼岸世界的善的许诺被中世纪的教会哲学成功改造,他们把理念世界演变为幸福的彼岸——天堂,同时把上帝描绘成真善美集于一身,无所不知,无所不能的存在者,而人类只是上帝的创造物而已。在教会哲学看来,全知全能的上帝赋予人类意志的目的在于让人能在善恶中进行抉择,而上帝可以在人类进行选择之后施以惩罚或恩赐,我们的意志选择的依据就在于能否得到上帝的恩赏。在此意义上,人的意志是一种残缺的意志,而人具有不完整意志的原因就在于我们背负着原罪,而对这种意志的修复只有一个途径,那就是全身心地侍奉上帝,最终在彼岸的天堂里完成对自身罪行的救赎。从严格意义上来说,教会哲学的意志是上帝在管理的。通过以上简单的回溯,我们可以发现,在康德看来,拥有自由意志的我们根本不需要借助彼岸世界中某一善的理念的沾染和分有而对我们的现实的生活进行筑基,更不需要一个全知全能的上帝来对我们进行一种道德行为原则的指导。我们是一个理性存在者,是一个拥有自由的存在者,所以我们可以自己为自己立法,可以在道德生活中达到一种意志自由状态下的自律。在意志的自律之外,在实践中,我们还存在着一种与此相反的情况,那就是意志的他律。

在康德看来,任何有条件地对意志进行命令的命题都是一种"他律性"①。康德指出,如果意志走出自身,而在某一对象的属性中去寻找对自己实践行为进行规定的依据,就会产生他律性。在此我们可以看出,他律性的

①康德.道德形而上学原理[M].苗力田,译.上海:上海人民出版社,2005:53.

原因在于意志没有直接给予自身规律，而是通过对象和意志的关系，给予意志以行为规则，在这里，对象给意志的规则必然是有条件的，所以对象发出的命令只能是假言命令，亦即由于我意愿某一事物，所以我需要去通过某种行为达成目标，而这个意愿只能建立在爱好或理性表象的基础之上，而建立在爱好基础上也就意味着以幸福原则作为自己行为的出发点，它们背后是以自然的或道德的情感作为支撑，理性的表象则以完善原则为出发点。但这些源自经验的原则无论在何时何处都不适合作为道德规律的基础。在康德看来，如果道德的原则建基于人性的特殊结构，或者建基于人们所处的偶然环境上，它们就没有资格声称对一切有理性的存在者具有普遍的有效性，更没有资格赋予有理性的存在者以实践必然性。比如关于个人幸福的原则，“把为善的动机和作恶的动机等量齐观，只教我们去仔细计量，完全抹杀了两者的特别区别”[①]。在幸福原则的指导下，每个人都可以追求自己的幸福，而这种幸福是建立在感性的欲望基础之上的，如果只就如何获得个人的幸福而言的话，我们有很多的手段可以选择，康德在这里用了“计量”的字眼，这实际上就是一种工具理性，在工具理性的标准之下，每个人都只专注于选择达到目的的手段，而这种手段是否符合道德规则就不再是考虑的问题。例如，一个人通过杀人越货获得了大量的钱财，另一个人通过努力工作也获得了大量财产，如果我们仅仅以是否拥有大量资产作为幸福标准的话，两者都可以被认为是幸福的，因为二者都达到了幸福的目的——拥有大量资产。但在获取幸福的手段上，后者给人以巨大鼓舞，前者对道德来说却是一种巨大的败坏，或者说是一种人们无法原谅的恶，因为我们在这种行为中只看到丛林法则在起作用，而丝毫没有发现作为理性存在者应有的崇高感。

另一种他律是以道德感为基础的。但在康德看来，我们在情感上存在着天然的无限差别，因为情感终究不是源于理性，而是源于我们对经验世界的境遇的一种感觉，而感觉是千差万别的，一个人的美餐可能是别人的毒药，一个人眼中的善举可能在其他人眼里是一种难以饶恕的错误，所以这种无限差别的情感是无法为善与恶的道德实践提供统一的标准的，而且每一个人都

①康德．道德形而上学原理[M]．苗力田，译．上海：上海人民出版社，2005：63.

会感情用事,当我们感情用事时就很难对别人和自己的行为做出中肯而客观的评价。另外,不同地域、不同文化背景的人可能对相同的行为产生完全相反的道德感受。综合以上理由,情感绝不能成为一种普遍的规律而被应用在对我们道德实践的指导之中。

情感之外,还有一种完善性的本体论概念,但因为它过于空洞并且无法在现实中找到与它相吻合的东西,所以它容易陷入一种循环论证,那就是把应该首先阐明的道德暗中作为自己论证的前提。比如从神圣意志引申出来的神学概念,这种神圣意志是绝对完善的,但因为神圣意志并不来源于我们,而只属于上帝,我们无法直观到这种神圣意志的完善性,更无法在现实中举出关于它的事例。所以,如果我们就上帝为何是全善的进行发问的话,得到的答案就是因为上帝具有神圣意志;而如果我们就上帝为何具有神圣意志发问的话,得到的答案就是因为上帝是全善的。但这种循环论证所指出的道德的完善性的源头在彼岸世界里才能存在,我们无法在经验世界中真切地直观到这种神圣意志,而只能从我们自身出发对这种意志进行比对,遥想着有一种比我们的意志更加完善的意志。这种完善性在经验世界里无法找到,康德在《纯粹理性批判》里提到,无法把经验作为一种"试金石"对这种完善性进行确证。我们可以看出,康德对理性的意志自律的分析是建基于经验世界之上的,亦即我们的意志自由在经验世界里有着多种展现方式。我们从多种道德原则中可以对这种自律性进行确认,但完善性的理论却只是提供一种空洞的、不确定的所谓完善性,无法提供相应的理性式的阐明,更无法在经验世界里得到相应的印证。在这种情况下,我们在所谓的神圣意志中所能发现的就是对荣誉和主宰的要求,也就是说,上帝是造物主,他以全善的意志创造了我们,我们应该向他的这种神圣意志靠近,这是生而为人的一种荣誉,这种荣誉源于我们对自身不完善性的不断改良,以图达到全善的境界。另外作为被造物主所创造的物种,我们必然是上帝的子民,或者说在上帝眼中,我们是上帝的"物品"。在道德实践中,我们就变成了实现他的神圣意志的一种工具,上帝是主宰者,我们是被主宰者。如果我们对这种荣誉和主宰产生厌倦或反抗的话,就会衍生出另外一种恐惧观念,那就是上帝的威力和上帝的惩罚。人作为一种时间中的有限存在者,生命终将会在时间中湮灭,而教会所允诺的彼岸世界的主宰者就是上帝,这个彼岸世界有天堂,相应的,也有地狱,而为善者可以升入天堂,为恶者必将堕入地狱。在此我们可以发现,天堂和地狱的设置是以完善性为标准的,由具有神圣意志的上帝所掌控,而想要在彼岸世界获得良好的境遇,我们就必须在道德实践中做出种种善行。这种善行仅以俗世的标准是不够的,还要以彼岸的掌控者上帝的标准作为衡量的依据,而如不符合相应标准的话,就要承受相应的惩罚。这种对上帝掌控者和惩罚者的角色的描述让人产生一种畏惧感,毕竟每个人都知道自己不可能长居于这个世界之上,但如果我们因此就把这种完善性的观念作为我们道德原则普遍的基础的话,那么我们的行为只会直接和"道德背道而驰"[①]。如果我们以完善性的概念作为我们道德的指导原则,那么我们一切行为的目的都将会被引向上帝。我们的目光将会被引向遥不可知的彼岸,无论我们做什么,只要能保证自己死后去往天堂就可以,哪怕所做出的事情对他人会造成伤害也没有什么问题,因为我们的目的在彼岸,而为了实现这个目的,我们可以做出任何事情,只要不违背上帝的意志就可以了。但上帝的意志是什么,我们又很难说清楚。在这种道德原则之下,人只是一颗并不完善的棋子,在时间的长河中被消磨,把彼岸和来世作为自己追求的目的,把上帝当作自己要侍奉的人,放弃自己的理性在经验世界中的运用,放弃自己的理性在道德实践当中的运用,放弃对自己和他人的各种责任。我们可以看到,这种完善性作为一种他律原则的症结就是,在上帝的神圣意志之下,人是没有意志自由的,一切都出于上帝的安排,人只有服从。但由于完善性观念把自己的存在之所规定为彼岸,所以相对于道德情感这种自律性的观念来说,它对我们的道德原则有一种功用,那就是使意志探讨的问题离开了感性的世界,并把这种问题归于理性,从而保留了自在的善良的意志观念,而这种观念在人类获得意志的自主性之后被康德加以重新规定,成为康德自由理论的重要部分和道德哲学的根基。

通过如上分析,我们可以发现,康德首先根据手段推断和目的推断之间

①康德.道德形而上学原理[M].苗力田,译.上海:上海人民出版社,2005:64.

的区别将假言命令与绝对命令加以区分,从而把实践理性的问题变成了绝对命令何以可能的问题。然后,进一步对绝对命令作为道德的唯一代言者加以论证,即如果想要我们的行为背后有一种普遍性和必然性兼具的律法权威的话,那么它就唯有以绝对律令的形式出现,因为从假言命令中我们得不出任何普遍性和必然性的基础,遵从假言命令意味着总是遵从一定条件下的命令,而在无论何种条件下道德律令都只能是他律的,亦即总是会沦为意志的他律。但当我们遵从绝对命令时,由于绝对命令来自理性,所以它总是自主的,亦即绝对命令是理性的一种自律。这样康德就把假言命令和他律性,绝对命令和自律性关联了起来,从而也把假言命令和绝对命令,他律性和自律性的区别对应了起来,进而把绝对命令和先验的自由问题联系了起来。先验的自由是绝对律令得以可能的条件,但这种自由表现为理性的一种自主性,理性自主地为自己的意志立法,而理性发布的律令就是绝对律令,而绝对律令之所以可能,就是因为我们拥有先验的自由,这种先验的自由让我们成为理念世界的一员,从而我们的理性拥有了自主地颁布普遍必然性的绝对命令的资格。

我们可以看到,康德在这里先对先验自由采取了一种道德式的说明方法。无论从善良意志,还是任意的自由和道德邪恶以及绝对律令方面,康德都在用一种演绎式的方法证明自由在自己的道德哲学中的核心作用。但在这种说明中他也难免陷入一种以道德证明自由,又以自由证明道德的循环论证之中。我们虽然可以根据上述概念从逻辑上演绎出我们意志自由的相关概念,但其中却依然存在着以下需要回答的问题,那就是先验可能的“意志自由”如何是一个在实践行为中有效的概念,亦即康德还需要对自由概念的客观性做出相应的证明。而关于自由的客观性证明的工作,康德是在《实践理性批判》中完成的。

第四章　意志自由与实践法则

一、意志自由概念的实践应用

康德在《实践理性批判》的序言中明确指出了该书的任务，那就是“单单阐明纯粹实践理性是存在的，并且出于这个意图批判理性的全部实践能力”①。而如果我们要问纯粹实践理性如何证明自己的存在呢？康德的回答必然是通过现实的实践来进行证明。因为在康德看来，纯粹理性如果是现实实践的，那么这种实践的事实就证明了它的实在性。这不但可以让反对纯粹实践理性实在性的人哑口无言，也让“先验自由从现在起也就确立了起来”②。康德提醒我们，这里所讨论的自由是绝对意义上的自由。在康德看来，绝对意义上的先验自由可以把思辨理性从思维无条件者所导致的二律背反中拯救出来。同时，与自由相关的其他概念，如上帝概念和不朽概念等，作为无法在思辨理性中停留的概念，现在均因依附于自由概念并借着自由概念而得到一席之地，同时随着自由概念的客观性而客观化。那么纯粹实践理性如何担当思辨理性所不能担负的任务呢？在康德看来，理性的理论应用的对象是单纯的认识能力，而且纯粹理性批判涉及的是一种纯粹的认识能力，而纯粹的认识能力很容易超越经验的界限而达到一种非经验的对象并陷入相互冲突的概念之中，这就是我们熟知的二律背反产生的原因。而理性的实

①康德．实践理性批判［M］．韩水法，译．北京：商务印书馆，2016：1.

②康德．实践理性批判［M］．韩水法，译．北京：商务印书馆，2016：1.

践应用则是另外一种情形，因为理性所需要处理的是“意志的决定根据”[①]，这样理性的实践运用就把意志作为自己的对象，在理性和意志之间就会出现如下情况，要么就是意志是产生与表象相符合的对象的一种能力，要么就是决定自身而导致这些对象的能力，而这种决定自身的能力就是意志“自身的因果性的能力”[②]。而在这里，理性是可以决定意志的，而且如果我们把意志只限定于人的意愿和感性欲望的话，理性总是能以对意志的左右而表现出一种客观实在性。“我决定在这里多待一会儿，而不管其他人在干什么”“我想干这份工作，即使有更高的工资待遇和更好的公司，我也不想换”。我们在经验世界中可以找到诸如此类的传达我们意志意愿的决定，而我们之所以能做这种决定，就是因为我们拥有一种决定自身的能力，亦即意志的因果性能力。我想干这份工作，它可能无法让我过上拥有很多钱的优裕生活，但我也不愿放弃它而寻找另一个会拥有更多钱财的工作并开启关于自身的另一个因果序列。让我们的意志拥有这种能力的不是意志本身，而是理性，因为我们是理性的存在者，所以我们才能拥有决定意志本身的因果性能力。那么问题是，纯粹理性是否自身就有决定意志的能力；或者理性是否要降低身份，把自己转变为以经验为条件的理性才能成为意志的决定根据呢？在康德看来，解决这个问题的关键在于自由概念。我们已经在纯粹理性批判当中证明了先验自由存在的正当理由，却无法为它提供经验性的证明，因为先验自由不能和任何经验性的因果序列相关联，否则先验自由必将堕入自然因果律的控制之下，所以我们无法提供任何经验性的关于先验自由的描述概念，亦即自由概念。但现在我们关于意志的决定根据的探讨却为解决这个问题提供了一个契机。因为，假如我们找到一个根据证明先验自由的特性事实上属于人类意志，并且是存在于一切理性存在者身上的意志，那么我们不但能够表明纯粹理性是实践的，同时也可以证明纯粹理性在不以任何经验性为条件的情况下的无条件的实践性。通过如上分析，我们可以得出如下结论：如果我们想要确立纯粹理性是实践的，我们可以通过证明先验的自由来确立，而要

①康德.实践理性批判[M].韩水法，译.北京：商务印书馆，2016：13.

②康德.实践理性批判[M].韩水法，译.北京：商务印书馆，2016：13.

确立先验的自由，我们可以对人类的意志加以考察。康德在《纯粹理性批判》中已经对自由进行了考察，只不过考察的结果是自由可以被表象。在《实践理性批判》中，康德再次对自由进行考察，不过这次考察是从纯粹理性的实践性应用入手的，康德选择从纯粹理性的实践性入手的原因主要是想要对自由所遇到的两种诘难予以回应和解决。这种诘难的第一个方面就是自由在理论知识中被否定，但在实践知识中却又受到肯定，那么自由还具有客观实在性吗？这种诘难的第二个方面就是作为理性的存在者我们是自由的主体，亦即我们可以成为本体，但同时我们又是经验世界中的一个现象，我们在感性世界中又必然受自然因果律的影响。康德在对纯粹理性进行探讨时已经把理论方面的纯粹知性的一切概念都归于现象了。那么我们不禁要问，我们到底把什么作为本体构成这些现象的基础？关于这个本体我们能否形成有关它的任何概念？对上述两方面问题的解决必然要建立在对实践理性的详尽批判之上。

在此意义上说，康德指出，所有经过纯粹理性批判的概念在此都要经过一番重新考察，表面上这种考察的行为根本不符合建立科学系统时所采取的程序，但康德却认为这是非常必要的，“因为我们在这里看到理性及其概念已经转移到另外一种应用”[①]。这样我们就会得到关于理性的两种应用，其一就是在纯粹理性批判中的应用，其二就是在实践理性批判中的应用。我们需要对这两种应用加以区分，同时厘清二者之间的关系。康德提醒我们，这其中“再度针对自由但在纯粹理性的实践应用之中的考察”绝不是对理论理性疏漏的一种补救，更不是对自己思辨体系添加的一种支撑，而是要让我们明确，“在前面只能够被表象为成问题的那些概念是实在的”[②]。在康德看来，只要我们进入自由概念的实践应用，就会意识到它在思辨理性的应用中是不可或缺的，同时自由的原理必然对实践的应用起到决定作用。我们要注意的就是康德所说的自由的原理就是理性对意志的决定根据。康德自信且骄傲地宣称，自由是经验主义者的绊脚石，但在批判的道德学家那里却是一把打

①康德．实践理性批判［M］．韩水法，译．北京：商务印书馆，2016：5.

②康德．实践理性批判［M］．韩水法，译．北京：商务印书馆，2016：6.

开最崇高的实践原理的钥匙。我们可以看到,经验主义者把一切建立在人的感觉之上,我们对外界的认识只是种种眼耳鼻舌身意的组合而已,我们只是被动地接受感官刺激的一种存在,没有外界的刺激提供的“素材”,我们就没有任何知识可言,而关于普遍必然性也只是一种我们心理上的习惯而已。关于我们为何拥有自由的问题,经验主义者在上述的论调上声称我们没有自由,比如休谟就声称理性是且只应当是激情的奴隶,除了服从激情和为激情服务之外,不能扮演其他角色。在经验主义者的思想系统中,理性根本没有容身之所,而只是激情的奴隶。在经验主义者那里,理性已然是激情的奴隶,那么建基于理性上的自由就无从谈起,我们没有拥有自由的可能性。暂且不论这种理论上的矛盾性,事实上我们也无法接受这种结果,就连经验主义者可能也对这个结果不太满意,所以休谟宣称“激情”类似于一种情感,凡是与理性相对的均可纳入激情的范围之内,以此修补我们不能拥有自由的尴尬。反观康德,他在对纯粹理性的研究中对自由的客观现实性持一种否定的态度,不认同从思辨理性中去寻找自由的方法。在这种否定之外,康德把自由引向了实践的领域。在实践行为中,自由作为意志因果律的特性,可以不受自然因果律的影响,让理性主体的意志自己决断自身的实践行为,这样主体就拥有了一种开启因果序列的能力,即意志因果律的开启能力。而对自由的证明也只需要证明自由确是属于人类意志,亦即自由属于一切有理性者的意志就足够了。我们如果只在实践的范围内对自由进行证明的话,我们并没有必要像在纯粹理性的探讨中那样掌握关于自由的先验知识,同样也不必担心理性越过经验的界限,我们要证明的恰恰是实践理性能够不依赖于经验的任何协助而凭借自身就可以影响和决定意志。如果我们能达到这一点,那么在实践的现实性上,我们就真的如康德所说的那样,打开了最崇高的实践原理的大门,为自由提供了完全充分的证明。那么意志何以具有资格来充当我们先验自由的阐释者呢?

在康德看来,我们的知性不仅仅在与种种对象发生关联时产生知识,同时还可以和我们的欲求能力产生关联,而这种欲求能力就是意志。如果理性以法则的形式在实践的范围内被表象出来的话,那么这个能力我们就可以称之为纯粹意志。纯粹意志和纯粹实践理性是合二为一的，亦即纯粹意志和纯粹实践理性是同一概念，而二者的客观实在性“仿佛是通过一个事实在一条先天的道德法则之中被给予的”[①]。我们可以声称，道德法则是一种意志决定，而且是一种可以不依赖于任何经验原则的意志决定。我们需要注意的是，在意志的概念当中就已经包含了因果性概念，在纯粹意志的概念中就包含了“具备自由因果性的概念”，但这种关于纯粹意志的自由因果性概念绝不是为自然的因果律所决定的，所以我们就不能像对待经验知识那样以任何直观性来为意志的客观实在性提供证明。即使在纯粹理性的先天性法则之中，意志的客观实在的正当性可以得到证明，但这种证明绝不是为了理性的理论应用，而是着眼于理性的实践性应用。在“具有自由意志的存在者的概念是个本体原因(causa noumenon)的概念”[②]中，我们可以看到，康德一直在寻求一种类似于又有别于自然原因开启一种关于自由的因果性序列的解释，在康德看来，关于自由的原因序列的开启绝不能建立在自然的因果性之上，因为自然的因果律存在于时间之中，但凡和它有所沾染，便会受制于时间的概念——每个原因都会在未来产生一个结果，同样每个原因也都是过去某个原因的结果，在这种原因和结果身份的不断转换之中，自然因果律陷入一种无法摆脱的循环。这种循环在时间的联合就构成了自然因果律的普遍性和必然性的基础。而我们所追求的自由绝不能和自然因果律有所牵联，如果那样的话，我们的行为将失去归责者，我们将失去道德生活和道德评价的可能，因为自然因果律有不受我们控制的普遍必然性。所以，我们需要这样一种自由，它必然跳脱开自然因果律的束缚，同时具有一种普遍必然性的特质，如此，我们就只能从先验的理念世界中寻找了。康德关于本体世界不可知的论断虽然有效地抵制了怀疑主义者和独断论者的种种不当之处，但在这里却成为我们寻找先验自由的最大障碍。因为，如果按康德所说的，可以在经验世界之外的本体世界寻找到自由的话，那无异于是对自己本体世界不可知的论断的放弃，而这种放弃则意味着康德所建立的对纯粹理性在认识论方面的批

①康德.实践理性批判[M].韩水法，译.北京：商务印书馆，2016:59.

②康德.实践理性批判[M].韩水法，译.北京：商务印书馆，2016:59.

判大厦的根基必然坍塌。既然在本体世界中寻找关于自由的知识性的证明是不可能的,康德就把对自由的证明转为一种事实性的证明,那就是以理性的现实实践性来间接地为本体性的自由提供证明。但现实实践性只有在经验世界中才能展现,当我们对一个实践行为进行考察时,道德实践难免会和感性世界的自然因果律产生纠缠,所以康德拈出了纯粹意志的概念。纯粹意志和理性或者说实践理性是等同的,并且我们在纯粹意志中可以分析出一种我们的自由所需要的因果规律,这种因果规律独立于自然的因果性之外,能够提供一种由意志开启的在道德实践领域中的因果序列。在这里,我们看到自由概念与因果性概念的一种关联。康德认为:"在存在者具有纯粹意志的范围内,我并不要求借此从理论上认识存在者的性质;对我来说,借此标明它是这样一种存在者,从而仅仅将因果性概念与自由概念(并且与那个同自由须臾不可分离的东西,即与作为其决定根据的道德法则)联结起来,那就足够了。"[①]康德在这里指出,纯粹意志的原因概念没有和任何经验性的根源相关联,所以我们在纯粹意志的原因概念中只拥有一种权利,那就是与决定这个概念的实在性的道德法则相关联,除了这种实践性的应用之外,我们无权作任何其他的应用。我们可以看到,康德把纯粹意志的原因概念,或者说绝对自由的因果律严格地限制在实践性的应用之中,这样一来,康德就把对先验自由的论证转换为关于意志自由的客观实在性的阐明问题,而这个阐明的任务又需要通过意志自由与实践法则的关系来完成。我们下面就进入自由和实践法则之间关系的探讨。

二、意志自由和实践法则的相互蕴含

在康德看来,实践原理中包含着意志决定的一些问题,并且意志的决定本身又包含着更多的实践规则。这些实践规则又可以分为主观的实践规则和客观的实践规则。比如,我认为我要孝顺父母。在这里,我个人认为孝顺父母是我本身必须要做到的一件事,这个要求对我的意志是有效的,那么这

①康德.实践理性批判[M].韩水法,译.北京:商务印书馆,2016:60.

种实践的规则就是主观的。如果说，我认为每个人都要孝顺父母。也就是说，我认为每一个有理性的人都应该孝顺父母，每一个有理性的人都是必然要做到这一点的，所以它也就对每一个人都是有效的，那么这种实践规则就是客观的实践法则。康德指出："我们如果认定，纯粹理性能够在自身就包含一个实践的，即足以决定意志的根据，那么实践法则就是存在的。"[①]在这里，康德把实践的法则建基于所有理性者都拥有一个决定意志的根据上，而如果我们拒绝承认纯粹理性在自身中包含了一个足以充当意志的决定根据的话，我们的实践原理就只能是单纯的准则。康德还对自然知识和实践知识中的法则作了区分。在自然知识里面，所发生的事件的原则同时就是法则，因为理性的运用是理论的，是由客体的性质决定的。如根据万有引力定律，物体引力的大小与它的质量成正比，这个原则或者说法则适用于所有的物体，而对每一个客体的有效性保证了这一法则的普遍必然性。而在实践知识里面情况却有所不同，因为在实践的范围之内，理性必然要和主体有所交集，在这里主体以欲求能力的方式表明自己的立场，而采用何种规则由欲求能力的性质来决定。但实践的规则必然是理性的产物，因为是在理性的主导之下，我们选择了一定的手段以图达到相应的目的。如果主体是一个并不以意志作为自身行动的唯一决定根据的存在者，这种实践的规则就表现为一种对行为的客观强制性的应当性。这样一来，在理性完全决定意志的情况下，存在者就会严格遵循这个规则做出行为，这时这个命令就是客观有效的，同时表现为一种绝对律令，"只是决定意志，而不论它是否足以达到这个结果"[②]。在这里，绝对律令是无条件的，它对意志表现为一种必然的强制性的应当。相反，如果律令是有条件的，即着眼于欲望的结果而决定意志，那么它只能是假言命令。它虽然也是实践的规矩，但绝不可能是实践的法则。在康德看来，法则必然充分决定意志，也就是说，被法则充分决定的意志本身暗含着一种必然性，这种必然性有别于偶尔粘在意志上的条件。我们要注意，实践法则只和意志相关，"而并不顾及通过意志的因果性成就了什么，并

①康德.实践理性批判[M].韩水法，译.北京：商务印书馆，2016：17.

②康德.实践理性批判[M].韩水法，译.北京：商务印书馆，2016：18.

且人们可以不顾后者(因为属于感性世界)而保持法则的纯粹"[①]。因为只要我们发现某个法则是实践地正确的,那么它就是一个绝对命令,同时就是一条法则。

与此相反,当我们把感性欲望作为意志的决定根据时,就不能产生任何实践的法则。康德在《实践理性批判》中明确指出:"凡是把欲求能力的客体(质料)作为意志决定根据的先决条件的原则,一概都是经验的,并且不能给出任何实践法则。"[②]在康德看来,欲求能力的客体(质料)是指在现实中人们想要得到的对象。如果我们对某一个对象的欲求高于实践规则,或者说我们对对象的欲求是让实践规则成立的条件,那么我们就可以断定,这条实践规则就始终是经验的,因为我们实践决定的根据是建立在客体的表象以及客体和主体的关系之上的。在这里,主体只着眼于客体对象现实性的快乐,而这种快乐就是意愿可能性的条件。但是我们要注意,对于任何一个对象的表象,在我们经验它之前都不能先天地判断它是否会带来快乐。所以我们可以说,以欲求能力的客体作为意志的决定根据的话,必定时时都是经验的。任何人的欲求所表现出的意愿都必然不断地需要经验的验证,否则我们就无法判定我们是否快乐,或者说我们是否还需要这种欲求作为实践的条件。比如关于喝酒这件事,有的人认为喝酒是人生一大乐事,因为每次喝酒的经验都能给他带来快乐的感受;但对不胜酒力的人来说,喝酒则是一件不能带来任何快乐的事,因为每次喝酒给他带来的都是不愉快的经历。但无论如何,对酒能否带来快乐的体会都是源自对喝酒这件事情的经验性体验,这种源自经验的体验是我们是否做出喝酒这一决定的条件。同样,即使是酒量很大的人在喝的酒不断增多时也会产生不快乐的感觉,这种不快乐的感觉会让他停止喝酒的行为。但我们要注意的是,这种不快乐的感觉同样来自经验。所以,当我们的欲求及其意愿成为意志的决定条件时,它必须时时是条件,"时时"在这里就是无时无刻不如此,毕竟欲求和经验性的快乐相关,而经验性的快乐需要不断地在经验中确证某种行为是否能给自己带来快乐。这种建立在

①康德.实践理性批判[M].韩水法,译.北京:商务印书馆,2016:19.

②康德.实践理性批判[M].韩水法,译.北京:商务印书馆,2016:19.

快乐与否基础上，以主观的条件为根据的实践原则，虽然有可能被某一个主体接受而成为规则，但绝不可能成为这个主体的法则。原因在于：第一，出于主体的原则并不对一切有理性者有效；第二，这种实践规则没有先天被认识到的客观性。所以建立在欲望基础上的实践规则绝不可能产生出一种对一切理性存在者适用的实践法则。

在上述论断的基础上，康德又指出："一切质料的实践原则本身皆为同一种类，并且从属于自爱或个人幸福的普遍原则。"[①]在康德看来，建立于事物的表象之上的快乐必然和主体对某一事物的接受性有关，这种接受性也就意味着对这种快乐的欲求决定了主体的行动。在此意义上我们可以说，当主体对对象现实性所带来的愉悦感产生一种欲求期待，并且这种愉悦感受在欲求能力的范围之内时，这种快乐就是实践的。而"理性存在者有关贯穿他整个此在的人生愉悦的意识就是幸福"[②]。我们可以看到，这种幸福是建立在对某种感性欲求的期待和满足之上的，而在这种期待和满足中起决定作用的是主体的愉悦感，与这种愉悦感相关联的对象的实在化就意味着人的实践行为的发生。当这种建立在愉悦感之上的幸福成为主体的意愿的最高决定原则时，它的名字就叫作"自爱原则"。我们可以看到，幸福原则将意愿的决定与否置于从所欲求的对象的现实性中所感受到的快乐或不快乐之上，而自爱原则更进一步，将快乐与否作为自己实践行为的最高决定根据，二者均建立在一种主观的且不能成为普遍必然性的实践原则上。而这种实践原则只能称为实践规则，而绝不能称为实践法则。我们可以看到，一切建立于质料上的主观的实践规则都把意志的决定根据与低级的欲求能力相关联，而这种关联的结果只能为个人的实践规则提供证明。但我们现在需要一个超脱低级欲求能力的一种形式上决定意志的根据，因为"倘使没有足以决定意志的单纯形式的意志法则，那么任何高级的欲求能力都可能会得不到承认了"[③]。但低级的欲求能力和高级的欲求能力的区分绝不是发源于感觉或者发源于知性

①康德．实践理性批判[M]．韩水法，译．北京：商务印书馆，2009：20.
②康德．实践理性批判[M]．韩水法，译．北京：商务印书馆，2009：21.
③康德．实践理性批判[M]．韩水法，译．北京：商务印书馆，2009：21.

那么简单。因为当欲求的决定根据和对某一对象所产生的愉悦感关联在一起时，问题就不再是对象源自感性或者知性，而是它使人如何愉快了。在此意义上我们可以说，无论对象是知性表象还是感性表象，抑或是理性对象，它们成为意志的决定根据的那种快乐情况都是同一种类，无论这种表象源自何处，在这种关系中它与其他决定根据只是程度上有所不同而已，而这种程度的不同就构成同一主体对不同对象如何进行优先选择的根据。一个人可以放弃一场长途旅行而待在家里看自己喜欢的书，或者可以丢下自己的工作到酒吧和朋友喝酒，或者可以拿自己的所有财产去接济穷人……因为他们的选择让自身获得了一种愉悦感。待在家里看书可以获得一种修身养性的愉悦，而和朋友喝酒可以收获一种聊天的愉悦，放弃财产接济穷人的人在让穷人生活有所改变的结果中感到愉悦，而且这种愉悦是优先于其他能产生愉悦感的对象的。也就是说，当我们的愉悦感成为意志作决定的根据的时候，通过感性的、知性的或理性的对主体进行刺激的对象并不是重点，重点是这个对象所产生的愉悦感“有多强烈，有多久长，是否容易得到，是否经常复现”[①]。康德用了一个这样的比喻：当一个人需要使用金子的时候，他只注重金子是否在每个地方都能原值通用，而根本不管金子本身是源自金矿还是源自河流中的沙子。同样，如果一个人只以愉悦作为自己的实践目的的话，他也不会把提供愉悦的表象源自何处作为关注的重点，而只是把它能够带来的愉悦程度作为主要的意志决定标准。我们可以因施展自己的力量而愉悦，也能因内心坚毅而愉悦，也能因修身养性而愉悦……但再高雅的愉悦感也是建立在个人欲求的期待和满足之上的。康德还指出，哲学史上也有不少把这种愉悦感和高级的理知的表象相关联的事例，如伊壁鸠鲁派“听凭德行所允诺的愉快来决定意志”[②]。这种愉快和其他的愉快没有什么两样，他们都是感性欲求决定意志的一种形式而已。所以个人的幸福原则，不论在其中有多少源自知性和理性的部分，对于意志来说只是在愉悦的程度上有差别，而没有改变自己以欲求为目标的本质。偶尔做了一件好事而获得的个人愉悦感和坚

①康德．实践理性批判[M]．韩水法，译．北京：商务印书馆，2016：22.

②康德．实践理性批判[M]．韩水法，译．北京：商务印书馆，2016：23.

持一生做好事所获得的愉悦感可能在持续的时间上有差别，但本质上二者却没有什么不同。在这种情况下，要么没有和低级的欲求能力不同的高级欲求能力存在，要么纯粹理性在实践中必然是独立而自为的，亦即意志只被实践规则的单纯形式所规定，其中不掺杂任何愉悦或者不愉悦的情感。在此意义上，“只有当理性能够自为地决定意志（而不服务于禀好）时，它才是那可以受本能决定的欲求能力委质其下的一个真正高级的欲求能力，并且确实与受本能决定的欲求能力不同，甚至有种类上的不同，这样，它与后者的些许混合就会摧毁它的力量和优越性”①。我们可以看到，康德追求一种绝不掺杂任何情感的意志决定根据或者说一种纯粹源自理性的意志决定根据，因为如果一旦涉及情感的问题，那么理性的法则就失去了应有的力量。原因就在于，情感作为一种有别于理性的力量，是一种他律，是一种假言命令，理性的力量在其中并没有得到纯粹的发挥和应用。在这种他律和假言命令中，理性的威权受到了削弱。当然，康德也承认求取幸福必然是每一个理性的存在者热切的渴望。在此意义上来说，求取幸福也必然具有充当欲求能力的一个决定根据的资格，而且幸福观念可以构成客体与欲求能力的实践关系的基础，但它仍然只是种种主观决定根据的一个通名，并不因此就具有普遍必然性。因为每个人对于幸福都会有不同的期待和衡量标准。“一个主观的必然法则（作为自然法则）在客观上也就是一个偶然的实践原则。”②我们追求幸福的关键并不是合乎法则的形式，而只在于质料，亦即我们欲求的满足及其带来的愉悦感。自爱的原则确实能够包含一般的实现某种让人愉悦的目标的手段，或者说技巧性的规则，不过这只是一种单纯理论的规则，只关乎一种技术性的问题，仅仅指示出足以产生某种结果的可能行为的多样性。比如，我喜欢吃某种东西，我可以采取很多种方式来获得吃这种东西的愉悦感，这里出现了一种因果联结命题，人们可以在某种行为中获得某种愉悦的结果，但也必须忍受原因。

即使我们假定某一客体是所有理性存在者都必须认定的愉悦的客体，同

①康德．实践理性批判[M]．韩水法，译．北京：商务印书馆，2016：24.

②康德．实践理性批判[M]．韩水法，译．北京：商务印书馆，2016：25.

时对于如何达到这个愉悦和避免不愉悦的手段都有完全一致的想法，这种自爱的原则仍然不能归入实践法则的范围，因为这种决定根据是主观的，是源自经验的，是一种偶然。它始终缺少法则中所具有的那种必然性，即没有来自先天根据的那种客观必然性。而实践法则具有完全客观的那种必然性，而且必定由理性先天地认识到，它的来源绝不可能是经验，即使这种经验被所有人认同，这种与经验相关的实践原则绝不能被称为实践法则。那么什么样的实践准则才有资格被称为实践法则呢？康德指出，如果一个理性存在者应当将他的准则思考为具有普遍性的实践法则，那么这种准则必须“不是依照质料而是依照形式包含着意志的决定根据”①。当实践原则的质料是意志的对象时，这个对象就有可能会成为意志的决定根据，而当这个质料成为意志的决定根据时，也就意味着这个意志的规则委质于经验的条件了，那么这个决定的根据就绝不可能是实践的法则。在这里，如果我们抽去意志的每一个对象，亦即袪除意志的决定根据，我们就只剩下普遍的单纯形式了。这里理性存在者面临着两种选择：一是理性存在者绝不能把主观实践原则，也就是准则思想作为普遍的法则；二是理性存在者必须认定，它们据以让自己适应普遍立法的那个单纯形式，就可以使它们自为地成为实践法则。而针对我们的准则之中哪些形式适合用于普遍立法，哪些不适合，即使最平庸的理性也能加以区分。假如银行把采取一切可靠的手段增加自己的财富作为自己的实践准则，并且某个人的手头正好有一笔存款，而且这个存款者已经去世，同时存款者本人也没有留下关于存款的任何记录。那么这里就有可能会出现一个情况，这个以一切手段扩大自己财富为准则的银行有可能以否认有这笔存款的方式来把这些金钱据为己有。在此情况下，我们可以问一个问题，那就是我们是否可以把这个人的准则产生出一条法则，亦即每个人都可以在无人证明他和某笔存款有关时否认某笔存款的存在。我们会立刻发现，这样一条原则作为法则将会自行消灭，因为它使得不会有人存款了。如果我们在银行的存款在无人证明时将会被视为我们在银行没有存款，这种风险将会使得人们不敢再到银行存款，因为到银行存款有可能遭遇钱财消失。由此我们

①康德．实践理性批判[M]．韩水法，译．北京：商务印书馆，2016：26.

可以得出，源于某种禀好的欲望（如上例中的贪婪）作为适合于普遍实践法则的意志根据是不可能的，因为这种和欲望相关联的禀好根本不具有任何普遍立法的资格，所以它在普遍法则的形式之下必定会自行瓦解。因为经验的决定根据不适用于外在的普遍立法，当每个人都以自己主体作为禀好的根据时，另外的人会以另外的主体作为自己的禀好，所以我们"要想发现一条将这些禀好一概统制在使它们普遍一致这种条件下的法则，是绝对不可能的"[①]。通过上述对和质料相关的幸福原则，自爱原则，以及源自经验的甚至理知的欲求对象原则进行分析之后，康德得出一个结论，那就是实践的法则必须具有普遍立法的资格，而这种普遍立法的资格只能在意志决定根据的形式上去寻找，而绝不能在意志决定根据的质料中去寻求，因为质料原则总是和主观性以及主体是否愉悦的情感产生关联，而这种源自主观的意志决定根据即使在多数人中取得了实践规则的资格，但因其源自主体、建基于质料之上、属于一种偶然性，无法充当实践法则。在康德看来，唯有准则依照纯粹的形式包含意志的决定根据时，这些准则才能被称为实践法则。这个论题被确证之后，我们就面临着寻找意志性状的任务。康德指出，"唯有准则的单纯立法形式是意志充足的决定根据：试发现那只有通过它才能被决定的意志的性质"[②]。法则的单纯形式只能由理性来表象，而这种理性的表象绝不是感性的对象，所以这种不是感性的对象自然和现象没有任何关系。康德在之前的论述中已经把所有源自非理性的意志决定根据都归于准则，坚持反对把它们划入实践法则的范围之内。在对意志单纯立法形式的探讨中，康德提出这种源自理性的表象可以作为意志的决定根据，但这种理性表象却有着和感性表象完全不同的出身，那就是它源自理性，和自然中依照因果性法则的事件的一切决定根据有着根本的区别，因为在自然因果性法则之中，起决定作用的根据自身必然就是一个现象。而我们这里所讨论的源自理性现象的意志根据却是除了那个普遍的立法形式之外，就再也找不到其他可以用作这个意志的法则的意志决定根据。这种意志"必须被思想为在相互关系上完全独立

①康德．实践理性批判[M]．韩水法，译．北京：商务印书馆，2016：28.

②康德．实践理性批判[M]．韩水法，译．北京：商务印书馆，2016：28.

于现象的自然法则,亦即因果性法则"①。在这里我们可以看到,康德之前一直对源自个人欲求和情感,以及所有源自个人的和经验的意志决定根据进行全部否决的苦心了,因为那些准则全都是源自感性的经验世界,它们作为意志的决定根据时只会把意志拖入自然因果律的范围之内,而一旦被拖入自然因果性的法则之中,那些准则就会陷入自然因果律无限的原因和结果的链条之中。我们要寻求的是一种具有绝对普遍性的意志决定根据,这种根据绝不能被植入自然因果律的任何成分,它必须独立于源自感性世界的因果性法则,而这种独立性在最严格的意义上,也就是在先验的意义上,我们称它为"自由"。康德指出:"一个只有准则的单纯立法形式能够用作其法则的意志,是自由意志。"②康德在纯粹理性的二律背反中曾对这种独立于自然因果律自由序列开启权利进行过探讨,但解决得并不彻底。康德从拥有理性主体意志的决定根据分析入手,寻找到一种理性在意志中的实践性应用,这种实践性应用超脱所有经验性的意志决定根据,在理性的单纯立法的形式上寻找到一种独立于自然因果律之外的运用,这种实践的应用是理性在道德领域的一种应用。这种仅限于意志决定根据的理性的应用在此意义上就拥有了一个序列开启者的能力。这种序列开启遵循的不是自然因果律的那种规则,而是理性的意志的绝对形式的规则,这种规则因为抛却了所有源自感性经验的羁绊而具有普遍性,从而是一种实践法则。在这种实践法则中,我们可以发现除了自然因果律之外的另外一种自由的因果律,这种以单纯的立法形式表现出来的意志决定根据在实践中为我们提供了自由的现实性证明。我们通过这种实践的现实性得以窥见处于自在世界的绝对的先验自由在作为理性存在者的我们身上所起的作用,这种作用是通过实践法则的普遍性表现出来的,而且只能在实践的范围内有效,这样自由保证了我们道德的归责性,同时自由意志又让我们在实践的范围之内拥有了源自理性的自由。所以,我们拥有先验的自由,但绝不是在感性的经验的世界范围之内,因为那里是自然因果律的天下,我们在经验世界中也要从属于自然因果律的规则。我们拥有

①康德.实践理性批判[M].韩水法,译.北京:商务印书馆,2016:29.
②康德.实践理性批判[M].韩水法,译.北京:商务印书馆,2016:29.

先验的自由，但不是建立在个人的欲求的感性的或者理性的个人愉悦之上，因为那种建立在个人幸福和自爱的原则之上的意志决定根据终究只能是一种主观的准则，而绝不是实践的法则。

从如上的分析中我们可以基本确证：我们拥有一个自由的意志，我们就需要对这个意志的决定根据进行探察，也就是"发现唯一适宜于必然地决定它的那个法则"[①]，自由意志的条件绝不可能源自任何经验性的条件，它必须独立于经验世界之外，否则对意志的决定根据最多就是准则，而不能称之为法则。自由意志除了必须独立于感性世界之外，还必须具有一定的决定权，以此来对意志进行相应的驱动。但我们要注意的是，实践法则包含着内容与形式两个方面。实践法则的内容，亦即实践法则的客体只能以经验的方式被给予，也就是说实践法则的现实性展现必然要以某个经验性的客体为内容，否则实践法则就没有任何现实性可言，而只是虚构的幻象。然而，自由意志的独立性让它必然不能以任何经验性的东西，亦即实践准则的任何质料客体作为自己的条件。如此一来，我们剩下的只有那包含着立法的形式，而这种立法的形式，是唯一能够构成意志的决定根据的东西。在此意义上我们可以说，适宜于一个必然决定"自由意志"的那个法则就是只包含普遍立法形式的无条件的实践法则。我们可以看到，源于自由意志的法则弃绝了任何的条件，这也就意味着它弃绝了所有源自感性经验世界的条件而达到自身的无条件性，这种普遍的立法形式因其无条件性而获得普遍性和必然性。这里出现了自由和无条件的实践法则的相互印证，这种相互印证让自由和实践法则得以相互引导和相互返回。康德指出，我们不去对自由和实践法则是否在事实上各不相同进行追问，也不对自由和无条件的实践法则的概念是否相同进行探讨，而只是去追问这样一个问题，"我们关于无条件的—实践的事情的认识从何开始"[②]。关于这个问题，有两种可能的答案：第一种，从自由开始；第二种，从实践法则开始。如果从自由开始的话，我们将面临两个问题。第一个问题是我们不能直接意识到自由。因为绝对的先验自由是和"物自体"同

①康德.实践理性批判[M].韩水法，译.北京：商务印书馆，2016：29.

②康德.实践理性批判[M].韩水法，译.北京：商务印书馆，2016：29-30.

一级别的存在，而我们的认识能力无法窥见自在事物的任何性状并获得和它们相关的任何知识，所以自由绝不是我们能直观到的概念。第二个问题是我们也不能从经验中对自由的概念进行任何的推论证明。因为经验的对象只能指引我们对现象的法则进行认识，而这种现象的法则就是自然的因果律，但是任谁也不能在自然因果律中寻找到自由。或许我们可以在自然因果律的作用现实中体会到自身的不自由，但即使这种不自由的意识为我们寻求自由提供了一种动机，不自由的意识在感性经验的层面也绝没有为我们寻求自由提供任何可能的契机。既然我们对无条件的实践的认识不能从自由开始，那么就应该从实践法则开始。康德指出："正是我们(一旦我们为自己拟定了意志的准则，立刻就)直接意识到的道德法则首先展现在我们面前。"[①]我们还要注意的是，这种实践法则因为源自理性，因此具有了独立于自然因果律，由理性所主导的原因开启能力，同时它还具有了完全独立于任何感性的决定根据。这种不受自然因果律约束而且能够充当意志的决定根据的特征不就是我们所寻求的自由概念所需要具备的品性吗？实践法则引导我们走向自由概念。这里我们必然会产生一个疑问，那就是我们实践法则的意识是如何得以可能的呢？毕竟实践法则是先验的并且独立于感性世界的，我们如何越过我们认识能力的种种限制而意识到这种纯粹的实践法则呢？康德给出的答案是：我们之所以对纯粹实践法则有所意识，是因为我们每个人都可以注意理性给我们颁布纯粹的实践法则的必然性，而且可以意识到当我们如理性所希求的那样把所有感性经验的条件都加以排除之后，剩下的只是纯粹的理性。纯粹意志的概念就是从纯粹实践法则中产生出来的，正如纯粹知性的意识就是从纯粹理论原理中产生出来一样。在这里，德性引领我们去揭开自由概念的面纱，而实践理性则用自由概念对思辨理性提出了最难回答的诘难，并使思辨理性陷入困境，那就是在现象世界任何东西都不能由自由概念进行解释，否则的话自然因果律就将失去它在经验世界中的引导和主导作用。另外，当纯粹理性想在原因的序列中上升到无条件的东西时，它将会陷入二律背反当中。在这里，实践法则和实践理性把我们引向自由概念，或者

①康德．实践理性批判[M]．韩水法，译．北京：商务印书馆，2016：30．

说把自由概念强加给我们，因为作为理性存在者的我们必然需要一个自由概念，这是我们道德实践的基础。实践法则和实践理性的共同作用也把自由概念引入了我们的意识，这种由实践法则所引起的自由意识甚至在经验世界里也可以被我们所意识到。康德举例说，假如一个人声称，见到可爱的对象和可以行淫的机会，他就会完全克制不住自己的欲望。但如果我们在这个人面前放上一个断头台，并让这个人知道在他做出这一行为之后，这个断头台将会结束他的生命，那么这个人是否还会继续以自己的欲望作为主宰自己行为的主要原则呢？假设这个人又面临另外一种情况，那就是有一个位高权重者以立刻处死他相威胁，让他作伪证去陷害一个忠义之士，他是否会为了保全自己的生命而去做伪证呢？或许每一个人都不能明确回答，如果自己处在这种情形之下会采取什么样的行为，但我们可以肯定的是，不去行不轨之事和不去作伪证是我们应该做到的。我们之所以认为自己应该做到，是因为我们意识到了应当去做这个事情，在这种应当之中我们可以认识到自身之中的自由，而对这种自由的认识源自我们对应当的意识，而这种应当源自我们的实践法则。康德最后得出结论："因此他就判定，他之所以能够做某事，乃是由于他意识到他应当做这事，并且在自身之中认识到自由，而如无道德法则自由原本是不会被他认识到的。"[①]所以在经验世界里，我们在采取任何实践行为之前都会意识到一个实践法则。有很多人在面临生命威胁的时候会去做伪证，但他们在作伪证时会意识到自己是不应当这样做的，我们在这种道德法则应当的意识中意识到我们的自由。有的人迫于无奈去作了伪证，而有的人宁愿舍弃自己的生命也不愿意去做伪证，但无论做出何种行为，道德法则中的应当意识都把我们引向对自身自由的认识。如此，无论从质料和形式的关系上来说，还是从我们置身其中的经验世界来说，我们拥有自由都是一个可以被证明的实践性事实，而且这种自由是源自纯粹理性的先验的绝对的自由。

在这里，康德分析了自由和无条件的实践法则的相互蕴含，同时指出，自由绝不能在纯粹的直观中被发现，也不能在感性的经验世界中被展现。我

①康德．实践理性批判[M]．韩水法，译．北京：商务印书馆，2016：31.

们不能从对“自由”的意识去证明道德法则,但我们可以把实践法则的事实作为我们认识自由的一种根据,这样自由就可以以实践法则的存在根据的面目出现,与此同时,实践法则的现实性又可以成为我们对自由的认识根据。这样一来,自由和实践法则之间就产生了一种相互蕴含的关系,而从实践法则的事实可以追寻到自由的事实又让我们必须把关于自由的探讨转移到实践法则上去。实践法则就是纯粹实践理性向我们颁布的无条件的法则,而对这种实践法则的意识就是理性的事实。

三、意志自由与纯粹实践法则

关于纯粹实践理性的基本法则,康德作了这样的表述:“这样行动:你意志的准则始终能够同时用作普遍立法的原则。”[①]这个法则的意思是说,我们应当绝对地以某种方式行事。绝对,意味着这条实践规则应该是无条件地被遵守,这个无条件性让它作为实践的定言命令被先天地表象出来,这样意志就被绝对地、直接地、客观地决定。在这里,意志被无条件实践规则所决定,同时这种实践规则就是意志要遵守的法则。在此我们可以声称,自在而纯粹的实践理性在当下是直接的立法者,这样意志就被一种独立于任何感性世界的经验的纯粹意志,也就是单纯的法则形式所决定,而且这个决定的根据是一切实践准则的最高条件,这个纯粹的意志也就是自由意志。因为这个决定的根据是无条件的,这种无条件性只有从纯粹实践理性中才能获得,而绝不能从经验或任何外在的意志取得。但这个纯粹理性的法则并不是这样一条指示,即行为应当依此发生,我们的某种感性欲求的结果因此就可以成为现实性的。如果这样的话,法则牵联的将只是一些自然性的条件。这种对达到自然欲求的一种行为上的指引只是出自个人主观的准则,不可能具有普遍立法性。所以这个法则是“就意志准则的形式先天地决定意志的一个规则,因此把一条只服务于原理的主观形式的法则通过一般法则的客观形式设想为

①康德.实践理性批判[M].韩水法,译.北京:商务印书馆,2016:31.

一个决定根据，就至少不是不可能的了”[1]。而关于这种原理的意识，我们可以称之为“理性的一个事实”，因为我们并不能从理性所提供的先行材料中，譬如从自由意识中，把它钩稽出来。在这里我们还要注意到，这个原理就作为一个先天综合命题把自己自为地强加给我们，但这个命题却并非建立在纯粹直观之外，也并不建立在经验直观之上。所以这个法则绝不是被给予的，它不是任何经验的事实，而是纯粹理性的唯一事实，“纯粹理性凭借这个事实宣布自己是源始地立法的（sicvolo，sic iubeo［这是我的意志和命令，让我的意志为行为作保］）”[2]。在此意义上，纯粹理性自为地就是实践的，亦即纯粹理性具有一种先天性的立法能力，这种能力让它可以成为意志的决定根据，颁布无条件的实践法则，这种实践法则就是具有普遍性的道德法则。这种理性的事实是我们无法否认的，它的普遍性只需我们对自己行为的合乎法则性进行判断就会发现。当理性的存在者在进行一个道德行为时，不论感性的欲望如何对我们所期待的愉悦感进行许诺，我们的理性总是会把某一行为所应当具有的行为准则置于纯粹意志之前。人在道德行为中总会率先意识到某个行为应当如何的准则，比如一个人在说谎时，在作伪证时，在偷盗时，总是意识到自己是不道德的，或者说违反了意志所应遵循的相应行为规则，虽然事实上做出了有违道德的行为，可也意识到了应当遵循的规则。在这里我们要注意的是，一个理性存在者在进行一个行为时，总会对“应当如何”有一定的意识，至于他最终采取了什么规则来指导自己的行为，即是屈从于感性的欲望还是听命于理性所颁布的意志准则，那是另外一个问题。我们在此只要明了，意志的应当行为规则总是在我们行为之前被我们意识到就够了。现在，因为我们要寻求立法的普遍性，而普遍性要求德性原则必须成为意志最高的形式的决定根据，理性在这里就宣称这个德性原则对于一切理性存在者是一个法则，只要理性存在者具有意志，也就是具有通过规则的表象来决定其因果性的能力，那么理性存在者就“有能力”依照先天的实践原则行动，而且只有这种先天的实践原则才具有理性所要求于原理的那种必然性。这个

①康德．实践理性批判［M］．韩水法，译．北京：商务印书馆，2016：32.

②康德．实践理性批判［M］．韩水法，译．北京：商务印书馆，2016：32.

实践原则不仅限于作为理性存在者的人类,而且还把一切具有理性和意志的居于时间中的有限存在者,甚至在时间之外的无限存在者也包括了进来。但就人类而言,这个法则就表现为一种命令,并且这个命令是用定言的方式提出来的,同时因为实践法则是无条件的,这样我们的意志与实践法则的关系就是在义务名义之下的依赖性。在这里,意志有一种按照法则去行动的义务,这种义务暗含着一种对行为的强制性,而单纯理性和它的客观性就是这种强制性力量的源头,我们把这种有强制性的行为称为职责。在康德看来,受本能刺激的意愿就"身怀一个由主观原因发生并因而能够常常与纯粹客观的决定根据相抵触的愿望"①。在先前的讨论中,我们已经明确了人的纯粹实践理性能为自己立法,即自立某种道德法则,但从一种道德法则到一种道德行为,这中间并不是完全无碍的,相反,道德法则在被遵循时总是有源自主观的愿望与它相抵制。观察一下自身或者周围的人,我们会发现人们种种道德或不道德行为的背后,总是有一种实践法则及主观意愿之间的对抗,人们总是在二者中做出抉择,这是一种纯粹实践法则和个人的主观意愿之间的对抗,人们可能选取相应的道德法则作为自己行为的标准,也有可能选取相应的质料性的意愿作为自己的行为标准。当看到一个人不慎落水时,按照道德法则的命令和要求,每个人都应当奋不顾身上前施救,但现实的情况可能是,只有很少一部分人会上前救助。如果每个人都能严格按照道德法则来行事,就需要作为道德强制性的实践理性对作为主观愿望的准则进行相应的抵抗,种抵抗康德称之为"内在的却是理智的约束"②。根据这种约束的强烈程度和自觉性程度,康德认为有一种全足的理智存在者存在,而且在全足的理智存在者那里,意愿被正确地表象为不可能是一条同时并非客观法则的准则。这是一种理想的神圣的理智,在这种理智中,思想和行为全部都符合道德法则的要求,这种理智超越了一切起限制作用的实践法则,也超越了义务和职责的概念。在这种理智的意志形态中,客观的实践法则和主观的实践准则一般无二,二者交融为绝对客观的道德法则。孔子曾经说过,"七十而从

①康德.实践理性批判[M].韩水法,译.北京:商务印书馆,2016:34.

②康德.实践理性批判[M].韩水法,译.北京:商务印书馆,2016:34.

心所欲，不逾矩”[1]。孔子认为自己到了七十岁的时候，自身的主观意愿和作为人应遵循的道德法则才融合为一，亦即自己的意志的行为根据全都建基于客观的实践法则之上，因为自身处在这种状态中，自己的道德修养才达到了最高的境界，即最高的道德修养必须是思想与行为的高度一致和统一。“从心所欲，不逾矩”是意愿被正确表象为不可能是一条同时并非客观法则的准则的另一种表达。康德认为这种意志的神圣性“同时就是一个必定充任榜样的实践理念”[2]，并且作为有限的理性存在者，我们唯一有权做的事情就是无止境地趋近于这个理念。由此，我们可以看到康德对神圣意志的态度，那就是作为有限存在者的我们，面对神圣的道德法则所能做的就是确信我们的行事准则一直朝着这个法则无穷前进，以及不断向着这个法则所指向的目标不断前进，这就是德行。德行只能建立在对神圣法则的承认和认识之上，而绝不可能建立在我们自然获得的能力之上。康德明确指出，德行“即处于斗争之中的道德意向，而不是在臆想拥有的意志意向的完全纯粹性之中的神圣性”[3]。康德还对“道德法则”和“德行”做出了相应的区分。他认为，从道德法则的角度来看，我们作为有理性的存在者，有能力创立神圣的道德法则，这是我们意志独有的自由，一切有理性的存在者都可以凭借自由意志创立道德法则。这也就意味着道德法则的效用是对一切理性存在者而言的，并不仅仅限于人类，这也是神圣意志的根据。从德行的角度来看，我们有能力在法则和主观意愿之间为自己选择与道德法则相一致的准则，这是独属于我们的抉择自由，但我们对道德法则的抉择过程总是伴随着主观意愿与道德法则二者之间的对抗，所以我们必须在这种“斗争”中坚持以道德法则为目标，并坚持无止境地向道德法则所规定的状态前进。

当我们的实践行为处于一种德行状态中，也就是说我们所选取的实践准则从和主观意愿的斗争中胜出，同时我们所选取的实践准则又是我们的意志所制定的道德法则。这一方面表现出一种意志的自律，即我们对意志所立的

①杨伯峻，杨逢彬．论语译注[M]．长沙：岳麓书社，1980：12.

②康德．实践理性批判[M]．韩水法，译．北京：商务印书馆，2016：34.

③康德．实践理性批判[M]．韩水法，译．北京：商务印书馆，2016：92.

道德法则的遵守；另一方面表现为一种抉择的自律性，即我们抉择的结果是一种朝向道德法则的意向，我们抉择的原则是某种意向是否符合道德法则的要求，而绝不是满足我们个人主观意愿的某种准则。康德认为，唯有意志的自律才能充当一切道德法则的职责的原则，与此相反的他律不仅无法建立起任何职责概念，还与意志的德性完全相反。德性的唯一原则“就在于它对于法则的一切质料（亦即欲求的客体）的独立性，同时还在于通过一个准则必定具有的单纯的普遍立法形式来决定意愿”[1]。道德法则是对纯粹实践理性的自律性的彰显，这种自律就是自由的律，它本身就是一切实践准则的形式要件，一切实践准则想要寻求与最高的实践法则的契合性的话，唯有在自由的自律的条件之下才得以可能，亦即才有和道德法则符合的可能性。与此相反，源自主观愿望的意愿如果作为法则的可能性条件，那么从中就只会产生出依从某种主观的冲动或禀好的意愿的他律，这种他律是建立在对自然法则的依赖基础上的。所以我们可以说，意志在这里给予自己的绝不是法则，而只是合理地依从自身各种本能的规矩，这种源自主观本能的规矩绝不可能在自身中容纳普遍的立法的纯粹形式，也绝不会在理性存在者之中引起遵守它的义务感。

和自由相关的纯粹意志的法则是把意志放入一个与经验世界完全不同的领域之中，并且纯粹意志的法则所表达的必然性绝不是自然的必然性，而是存在于一般法则可能性的形式条件之中的必然性，而自身携带着主观意愿的实践规矩绝不能算在实践法则之列，因为源自主观的实践规矩依赖于主观的条件，而这些条件让理性存在者获得的绝不是普遍性，而仅仅是有条件的一种普遍性，并且这种普遍性一直围绕着个人的幸福原则游走。虽然我们无法否认一切愿望必定意欲相应的对象才称得上愿望，也就是说这个愿望必然和某个质料相关联，但我们要注意的是这种质料并不因此就是准则的决定根据和条件。因为如果关于对象现实存在的期望一旦成为意愿的决定原因，那么欲求能力对于任何一种事物的现实存在的依赖性就必定构成愿望的基础，而这种依赖性只能在感性的经验世界中才能被找到，在感性经验世界中被寻

①康德．实践理性批判[M]．韩水法，译．北京：商务印书馆，2016：34.

找也就意味着它决不可能充当一条普遍和必然的规则的基础。康德对在感性经验世界中最受欢迎或者说人们最喜欢拿出来当作所谓普遍必然性的幸福进行了相应的探讨。无论从任何角度来说,一个人追求自己的幸福都是无可非议的,同样其他人追求自己的幸福也应该受到鼓励,所以很多人就把外在存在者的幸福作为一个理性存在者的客体,但如果幸福是准则的决定根据,我们就必须设定在他人的安宁中不仅能发现自然的愉快,而且还会发现犹如同情心在人类那里所引起的那种需要。但是,我们不能在每一个理性存在者那里均设定他们有这种需要,比如在神圣的存在者那里这种需要是完全没有必要的。举例来说,某个质料或许是我个人的幸福,但如果我把它授予每个人,那么只有在我把别人的幸福也全部包括在里面的时候,它才有资格成为客观的实践法则。于是,促进和保障他人幸福的法则并不是因为它是每个人意愿的客体,而是理性为了给予自爱的准则以法则的客观有效性。于是我们所讨论的他人的幸福绝不是意志的决定根据,唯有单纯的法则形式才是纯粹意志的决定根据。通过这种法则形式,我限制我那些建立在禀好之上的准则,并把它裁剪成法则的普遍性,从而让它适合于纯粹实践理性。康德明确指出:“如果使个人的幸福原则成为意志的决定根据,那么这正是德性原则的对立面。”[①]这种对立面的范围并不仅仅指幸福的对立面,凡是应当把法则的决定根据置入准则的立法形式里,但我们却把这个根据置于其他任何地方的做法,都是德性的对立面。由于幸福原则建立在人们的自爱原则之上,而且从表面上来看,它似乎拥有让每个人都会接受的条件,而且它也是每个道德学家都难以回避的话题,所以康德把幸福原则拈取出来,把它和实践法则进行比对,从而厘清二者之间的关系,明确德性原则的基础以及和自爱原则的区别,从而指明道德法则和准则之间的本质区别。康德认为,二者之间的矛盾并不仅仅在于逻辑自洽性,还在于实践性,亦即我们在为自己的行为选取相应的原则时的抉择矛盾。在此康德表现了自己的担心,他指出,当我们的理性对于意志的命令声音不太强烈时,没有激烈到连最平庸的理性都可以清楚听见时,这种矛盾将会导致德性的湮灭。康德举例说,一个刚作过伪

①康德.实践理性批判[M].韩水法,译.北京:商务印书馆,2016:37.

证的人在你面前找借口说个人的幸福是一种神圣的职责，然后开始历数自己通过作伪证所取得的各种利益，并夸耀自己如何机智地避免其他人看出自己的任何破绽，同时他向你真诚地表示，他已经尽了一个人应尽的为自己谋幸福的职责。性格冲动的人可能会大声呵斥并当面嘲笑他，修养较好的人可能会对此不置一词，但也会对这个人心怀厌恶，在以后的生活中尽量避免和他打交道。即使有人把某种原则仅仅和个人的利益相关联，我们也没有丝毫的理由反对这种规则，但在内心深处依然会对这种行事的原则有所鄙夷，因为德性和自爱的界限划分得如此清楚，如此分明，即使最平庸的人也会分清二者的归属。

所以自爱的准则只行劝告，而德性的法则却颁布命令，在我们受劝告而去做某种事情和自觉地去做某种事情之间还是存在着巨大的差别。比如，德性的定言命令，每个人的能力在任何时候都足以承受，因为它只取决于纯粹的准则。但以意愿的他律为意志决定根据的情况却是让人不容易把握的，因为它需要人们通晓很多的道德准则并运用自己所谓的精明去在各种规则中进行权衡和损益的计量，进而从中找出在自己看来最经久的利益。而当人们以自爱的准则行事时，就需要取决于个人实现一个欲求对象的力量和自然能力。所以每个人都应该自求幸福的命令是愚蠢的，因为人们已经按照自爱的原则行事了，就没有必要再去命令他们去做他们已经不可避免地自动会做的事。这时人们只需要给以自爱为原则的人提供一些可以实现相应目的的途径和手段，但我们要注意的是每个人都不是愿望什么就能够得到什么的。康德指出，在职责的名义之下以德性去命令人是完全合理的，因为一个人如何遵守道德法则的手段是用不着教授的，因为在道德法则职责的名义之下，“他愿望什么，他也就能做什么”[①]。康德举了一个赌徒的例子对自爱准则和道德法则进行了有趣的说明。他设想一个赌输的赌徒很有可能因自己赌博过程中的过于保守或大意而恼怒，这种恼怒是由于对自己的行为没有达到相应的目标所导致的，但当这个赌徒因为在赌博中做了手脚而收获满满时，站在道德的角度他必定会鄙视自己，而这种鄙视产生的原因必定是某种和个人

①康德．实践理性批判［M］．韩水法，译．北京：商务印书馆，2016：40.

幸福原则不同的东西，因为如果只站在个人幸福的原则之上，他应该会为自己的精明所致的胜利而欢欣不已。实际上，这个赌徒之所以鄙视自己，是因为他违犯了道德法则，亦即没有尽到一个理性存在者应遵守的道德法则义务。这种鄙视感实际上源自实践理性之中内含的惩罚。在这里，惩罚不是作为自然的后果与道德上的恶结合在一起的，而是作为没有依照道德原则的后果与道德上的恶结合在一起的。这种惩罚只和没有遵守道德自身的立法联系在一起，所以我们绝不能说一个人因为他妨害了自己的部分幸福而招致惩罚，而只能说是由于他内心意识到对道德法则所颁布的命令没有去实行而产生了一种自弃感，这种自弃感被通俗地称为"良心"。我们可以发现无论多么大奸大恶之人，在做了不应当做的事情或者说了有违道德法则的事情之后，总会有一种负罪感，或者说一种自弃感。这种道德恶的感觉是每一个理性存在者所必备的，因为自在的我们是自由的，自律意味着我们对自己制定的意志律法（道德法则）的遵守，这是自由的一种必然形态，而他律则意味着不自由和对自己所制定的律法的背弃。

在我们对纯粹实践理性法则作为理性事实地位进行确认的过程中，我们总是以实践法则的形式性来保证先验自由，并且反对任何建立于感性经验世界之中，亦即建立在自爱法则之上的实践规则或道德规矩。我们既然认定实践法则是纯粹实践理性的一个事实，那么随之而来我们就必然要回答一个问题，那就是自由和纯粹实践理性的对象是什么。

四、自由和实践法则的对象

康德认为实践理性的对象是"一种作为通过自由而可能的结果的客体之表象"[①]。这也就是说，实践理性的对象现实化的途径只能是意志和行为的关联。只有对象现实化之后，我们才能对它是不是纯粹实践理性的对象加以评判。但我们要注意的是，这里我们所进行的判断也只是对我们所意愿的行为是否可能的预估，假如我们自身具备了实现某个意愿的能力，通过我们的行

①康德．实践理性批判［M］．韩水法，译．北京：商务印书馆，2016：61．

为我们的客体就会成为现实，但我们能否实现意愿的能力只有通过经验才能加以判断。这里就会出现两种情况：第一种，如果某个客体被当作我们欲求能力的根据，我们就要评估这个客体仅仅自由地应用我们自身的力量实现的可能性，然后再判断这个客体是不是理性的实践对象。第二种，当先天的实践法则作为我们行为的决定根据时，我们的行为就被看作是由纯粹的实践理性所决定的，我们的判断就不需要考量我们的自然能力，而是直接对客体是不是实践理性的对象加以判定。这里出现了一个问题，那就是无论是对建基于我们自然欲求之上的关乎对象的自然力量的考量，还是对建基于纯粹实践理性法则之上的关乎对象是否符合道德法则的判断，我们是否可以愿望一种指向某个客体的实存的行为发生。无论是出于何种力量所导致的行为，行为的道德性都必须先行，因为，意志的法则才是行为的决定根据。例如，凭我的力气，我可以通过砸碎商店的玻璃来拿到我喜欢的商品，而且我手里也正好有一把很适合的锤子，商店里也没有人在，出于一种想要拿到喜爱的物品的自然欲求，同时我也具备了相应的自然力量，那么我是不是就可以做出砸碎玻璃取得物品的行为了呢？答案是否定的，因为道德法则的命令不允许我以如此的行动达到自己的目的。即使我拥有实现这种行为所需要的自然力量和相应的条件，行为的道德性要求不会给这种行为提供意志决定的根据。那么和行为的道德性和意志的法则相关联的实践理性的对象，或者说客体是什么呢？康德指出："实践理性唯一的客体就是善和恶的客体。"①而我们一般把善和欲求能力的必然关联起来，而把恶当作憎恶的对象，但无论我们怎么区分，这两种能力都是依照理性原则才得以产生的。所以"善或恶任何时候都意指对于意志的一种关联，只要这个意志受理性法则的决定而使某种东西成为它的客体"②。我们可以看到，意志在这里根本不是被客体及其表象所决定，而是显示出自身成为行为的动机的一种能力，这就是让某一个客体现实化的能力。这种意志的规则能力就是自由的法则，同时也是实践法则。在此意义上我们可以说，善或恶在根本上和个人的感受没有关联，而是内在地

①康德.实践理性批判[M].韩水法，译.北京：商务印书馆，2016：62.
②康德.实践理性批判[M].韩水法，译.北京：商务印书馆，2016：65.

和我们的行为有关。如果我们宣称某种事物是绝对善的或恶的，绝不是因为这种事物满足或者不能满足我们某种生活上的需要或内心对某种境遇的期待。绝对的善或绝对的恶只能以行为的方式或意志的准则来进行判断和衡量。“道德法则在其绝对地配享善的名称的范围之内，首先决定善的概念并使其可能。”[①]这句话体现了康德道德哲学的一个独有洞见，即实践领域的善恶概念不需要像纯粹理性领域那样由感性提供相应的直观材料，再由知性按相应的范畴和对象发生关系，以便成为整一意识中直观之杂多的综合统一的模式得出。相反，在实践领域中的纯粹实践理性的规则能力绝不是去认识一个对象的能力，而是去实现一个对象的能力，亦即善恶概念的根源并不涉及对象，而源自意志的先验决定的结果。作为意志决定根据的是纯粹实践的先验法则，这种先验的法则就是自由法则。依照康德的说法，感性的经验世界和道德世界在实现途径上有着明显的区别。纯粹实践理性的先验法则和纯粹理性的法则一样，都可以让相应的对象被认识，或者说实在化和客观化。但纯粹实践理性让对象得以存在所依据是自由法则，自由法则是源自先验理性的本体世界的，所以从属于此之下的行为必然是理性存在者的一种行为。在这里，我们虽然拥有了一种源自先验自由法则之下的对象概念，但这个对象还有另外一种身份，那就是它也是感觉世界中的一个事件，因此也属于感性经验世界中的一个现象。也就是说，建基于先验自由法则之上的善恶概念必须在与感觉世界的关联中，依照知性范畴的方式模拟使用知性的范畴。但这种模拟的重点绝不是知性范畴的理论应用，而只是“为了把欲求的杂多纳入一个在道德法则中发号施令的实践理性的意识统一性，或者纳入一个先天的纯粹意志的统一性”[②]。在这种和知性范畴相类似的运用中，康德为我们提供了一种比照知性范畴而建立起来的“自由范畴”。自然范畴是思想的形式，它通过普遍概念以不确定的方式为我们的每一个可能的直观指出它的对象，即客体。但自由范畴完全不同，它涉及一个自由意愿的决定，而我们绝不能提供任何与它相契合的直观，但这个意愿却具有一条纯粹实践法则作为

①康德.实践理性批判[M].韩水法，译.北京：商务印书馆，2016:69.

②康德.实践理性批判[M].韩水法，译.北京：商务印书馆，2016:71.

它的基础，这是我们在知性范畴的理论运用中无法达到的。作为实践的一个基本概念，自由范畴是以思维能力自身中所具有的纯粹意志的形式作为基础的，而在纯粹实践理性的全部规律之中，至关重要的就是意志的决定，而绝不是实现其意图的某种和实践能力相关的自然条件。这样一来，与自由的先验原则相关联的先天实践概念就变成了认识，不再需要通过直观赋予其意义。在这里，自由原则与先天实践概念"它们自己造就它们与之关联的东西（意志意向）的实在性"[①]。这是康德在道德哲学领域另一个堪称"哥白尼式革命"的重要创见。作为有限理性存在者的我们虽然无法洞见本体世界事物的真实面目并获取和它们相关的知识，但是从意志的决定根据中，我们却可以窥见实践理性对自身的立法，并且这种立法在道德领域中的展现让我们看到它是一种不折不扣的理性的事实，这种理性的事实把我们引向了一种有别于历史上任何善恶的概念。康德认为这种善恶的源头在于我们理性的先天自由原则与先天实践概念的结合，并创造性地把自由在实践中的应用以类似知性范畴的面目展现出来，而且康德建构了一个有关善恶概念的自由范畴表[②]：

1.量

（1）主观的、依据准则的（个体的意向）

（2）客观的、依照原则的（规矩）

（3）既先天客观的又主观的自由原则（法则）

2.质

（1）举止的实践规则

（2）不为的实践规则

（3）破格的实践规则

3.关系

（1）与人格的关系

（2）与个人的状况的关系

①康德．实践理性批判[M]．韩水法，译．北京：商务印书馆，2016：71.

②康德．实践理性批判[M]．韩水法，译．北京：商务印书馆，2016：72.

(3)个人与其他个人状况的交互关系

4.模态

(1)许可的与不许可的事情

(2)职责和违反职责的事情

(3)完满的和不完满的事情

这个关于自由的范畴表所关联的不是一种建立在自然因果律之上的因果体系,而是建立在自由的因果性规则之上的因果系统。也就是说这种原因的开启绝不包含任何自然因果律的部分,而是一种独立于经验序列之外的自发性。但这种自发性“关涉到这些行为在自然之中的可能性的范畴”[①],因为源自自由范畴的现象只有在经验世界之中才能被知性的范畴所整合并被我们所认识。换言之,这些范畴所产生的现象源自先验的自由的本体世界,虽然我们无法真正认识到先验的自由,但由这种自由所引发和开启的现象却以感性现象的面目出现在经验世界中,所以这些由自由范畴所导致的现象必然要被纳入知性的范畴当中才能被我们所认识。也就是说,由自由开启的一个序列必然会和自然范畴的量、质、关系、模态相关联才能被我们所认识。我们会发现,源自自由的现象却要以知性的范畴作为展现自身的一种方式。

在上述范畴表中我们可以看到,自由的量、质、关系、模态诸范畴在实践领域内的表现型态,这些范畴让人有一种回到纯粹理性批判中的自然范畴的感觉,但康德提醒我们,虽然源自自由的范畴可以被普遍地解释,但关于它的“因果性的决定根据也能够在感觉世界之外自由之中被认定是理智存在者的一个性质”[②]。也就是说,自由的因果性不受任何感性经验世界的束缚,而且因其源于先验的自由,所以有其普遍性的依据,同时这种因果性也是理智的存在者的一个性质。作为有限的理性存在者,我们拥有一个特质,那就是自由。这样康德在先验本体的自由范畴和自然范畴的耦合中赋予了具有理性的我们以自由的特质,这也就意味着每个理性的存在者都具有开启一个因果序列的能力。这里我们就会发现模态范畴从一般实践原则到德性原则的

①康德.实践理性批判[M].韩水法,译.北京:商务印书馆,2016:72.

②康德.实践理性批判[M].韩水法,译.北京:商务印书馆,2016:72.

过渡。康德在这里提醒我们：这种从实践原则到德性原则的过渡是以一种“或然”的方式完成的。至于为什么以或然的方式实现从实践原则到德性原则的过渡，邓晓芒先生认为：“范畴表由一般实践理性引向纯粹实践理性、由一般日常的善引向道德的至上的善、由自由的任意引向自由意志，这决不意味着从确定的前提推论出后果，而只是从姑妄言之的、道德上尚未确定的善或自由引向真正的善和自由。”[①]他得出此结论的依据源于康德在列出自由范畴表之前的提醒，那就是“这些范畴仅仅涉及一般实践理性，因而依其秩序从在道德上尚未决定的和以感性为条件的东西，向不以感性为条件而单单受道德法则决定的东西进展”[②]。邓先生眼光如炬，从康德的提醒中解析出来自由范畴表所展示的范畴只是从不纯粹的自由和并不确定的善向纯粹自由或绝对的善前进的部分。但康德同样指出，在自由的无上原则和先天实践概念相关联时就能形成认识，而无需期待直观才能获得意义。所以关于“或然”，我们可以找出另外一种解读，那就是范畴表只是对一般实践理性的理论展现，真正的实践行为者在尚未选定道德原则行动前，有可能会选取符合道德原则的法则，也有可能选择自爱原则作为自己实践行为的指导原则。也就是说，道德法则和自爱原则都有可能作为我们实践行为的指导方式，亦即都表现出一种“或然”。因为我们所探讨的是自由的范畴表，所以最终我们把讨论的焦点集聚在我们对德性原则这种“或然”的选取上，进而让德性原则以道德法则的方式教条地表述出来。所谓教条的方式，实则是一种独断的方式，康德对独断论一直持否定的态度，但康德并不否定独断的论证方式。康德在《纯粹理性批判》第二版序中明确指出：“这个批判并不与理性在其作为科学的纯粹知识中所采取的独断处理处在对立之中（因为这种处理任何时候都必须是独断的，亦即从可靠的先天原则严格地证明的），而是与独断论相对立。”[③]至于不反对独断的处理方式的原因就在于当我们从可靠的先天原则去证明某种认识原则，必须独断地对先天原则进行无保留的信任，否则我们

①邓晓芒．康德《实践理性批判》中的自由范畴表解读［J］．哲学研究，2009（09）：63-72.

②康德．实践理性批判［M］．韩水法，译．北京：商务印书馆，2016：71.

③康德．康德三大批判合集：上．［M］．邓晓芒，译．杨祖陶，校．北京：人民出版社，2009：第二版序22.

的理论认识将失去客观性和必然性的根基。在这里我们所探讨的道德法则是纯粹实践理性独有的最高法则，用康德的话说，是一个“理性的事实”，但这个理性的事实是建立在先验的绝对自由的基础上的，严格说来，我们宣称这种“理性的事实”就是自由的一种证明，也带有一些独断式的色彩。

康德并没有对这个自由的范畴表做进一步详细的阐明和分析，理由就是它本身已经足够清楚明白。康德宣称这种按照道德的原则拟定的分类有助于其彻底性和可理解性，并且对于一切科学都是有益的。至于范畴表如何具有彻底性、可理解性的问题，康德就第一组量的方面举了一例，他认为从量的范畴上，我们在进行道德原则的选取时就会立刻知道可能的几种方式。作为理性存在者，我们有可能从主观方面依照准则开始，也有可能从某种天赋的作为理性存在者都会认可的规矩开始，也有可能从对一切理性存在者都有效的法则开始。康德乐观地认为按照这种方式，我们可以对实践哲学要回答的所有问题进行综合的考察，同时对实践哲学理应遵循的秩序进行说明。

如上所述，一个纯粹实践理性的实践规则首先必须关涉一个客体的存在，其次它作为纯粹理性的实践规则还需要具备对行为此在的必然性，从而以实践法则的面目充当意志的决定根据。这里实践法则绝不是自然法则，而是自由法则，并且依照这个自由法则，意志应当独立于一切经验的东西而被决定。但我们都知道，任何可能的行为必然要与经验世界发生关系，亦即只能从属于自然律，只能从属于经验和自然。所以我们的任务就是要在感性的经验世界中寻找这样一个有趣的事例，这个事例既遵从自然法则，同时又允许一个超感性的德性善的理念在它的身上得到具体呈现。要寻找这种事例很困难，甚至这样的事例在理论上也是荒谬的，因为自然法则建基于感性的经验世界，而自由法则源自先验的本体的不可认识的世界。这里我们面临着类似巴门尼德对柏拉图理念论的诘难，那就是居于理念世界的主人如何能够管治居于经验世界的仆人。虽然康德以理性的事实对自由进行了一种侧面的证明，并以这种方式避免对自由进行认识性的讨论，但现在我们依然面对着不可回避的问题，这个问题也是纯粹理性判断力所面临的困难，理性在理论应用时的问题取决于纯粹知性概念能够运用于其上的直观，而这种直观能够先天地被给予,因此事关直观之中的杂多联结的东西能够依据先天的知性概念被给予,这就是康德的图型概念。但德性的善所依据的客体是某种超越感性的东西,因此在感性直观之中无法像理论理性的直观那样找到与它相符合的东西,于是"纯粹实践理性法则之下的判断力似乎就陷入一种特别的困难"[①]。康德认为产生困难的主要原因在于自由法则需要被应用于这样一种行为之上,这种行为是发生在感觉世界并因而在此范围内属于自然的事件。换言之,自由法则闯入了自然法则起作用的感性的经验世界,并声称对某种自然事件具有绝对的决定作用,能够在作为意志决定根据的情况下对任何自然事件产生影响,并在自然事件中展现道德法则的作用。这无论从康德所构建的哲学体系来说,还是从理论理性和实践理性的特质而言,在逻辑上都缺乏必须的自洽性。但康德提醒我们,我们在这里所讨论的是把一个在感性的经验世界中对我可能的行为纳入纯粹实践法则之下,而感觉世界中某个行为如何可能应该交给理性的理论,运用自然因果律的法则进行判断,所以我们可以不予讨论这种行为在感觉世界中如何可能的问题。因为自然法则作为感性直观对象所遵守的法则,必定有一个图型,这种想象力的普遍方式可以将法则所决定的纯粹知性概念先天地呈现给感觉,从而这种想象力得以和图型相符合。自由法则是建立在一种完全不同于自然法则因果性基础之上的法则,而且自由法则还牵联到一个无条件善的观念,因此自身并没有直观,更谈不上和理论理性一样有一个图型。知性为理论理念构成的基础是法则,这种法则是能够具体地在感觉对象之上展现出来的法则,因此谓之自然法则,但这种法则只是在形式上而言的,也就是这种法则只为判断力所使用。这种自然法则的纯粹形式康德称之为"道德法则的范型"[②]。

关于纯粹实践理性法则之下的判断力规则如何,康德的回答是:"扪心自问,如果你打算做的那件行为会通过自然法则而发生,而你自己本身是这个自然的一部分,那么你是否能够把它看作乃是通过你的意志而可能的?"[③]

①康德.实践理性批判[M].韩水法,译.北京:商务印书馆,2016:74.
②康德.实践理性批判[M].韩水法,译.北京:商务印书馆,2016:75.
③康德.实践理性批判[M].韩水法,译.北京:商务印书馆,2016:75.

而且康德认为，我们是通过上述叩问内心的方式来对道德上的善和恶加以判断的，当一个人因为觊觎他人的财产而去偷盗时，当一个人因为生活不如意而想要结束自己的生命时，或者一个人对他人的苦难无动于衷，不想施予援手时……虽然这些人做出了偷盗，伤害自己，不帮助他人的实际行为，但他们内心却清楚，并不是每个人在面临相同的问题时都会采取偷盗，伤害自己，不帮助别人的行为。我们可以说，上述三例中的人所选取的行为准则绝不是他们意志的决定根据。所以“自然法则仍然是依照道德原则评价行为准则的一个范型”[①]。如果行为准则被构造得经不起一般自然法则的形式的检验，那么它在道德上就是不可能的。康德认为，最平常的知性也会按照上述的方式对自己的行为进行判断，原因在于自然法则永远是他们最为习惯的乃至经验的判断的基础。在这里我们会有一个不小的疑惑，那就是自然法则什么时候成为道德评价的范型了，康德不是一直在强调自由法则和自然法则的截然两分吗？我们都知道，康德根据我们心灵的认识机制和意欲机制不同，并根据这两个机制应用的条件、界限严格区分了自然概念和自由概念的畿域，并且由此对从属于两个领域的概念和原则进行了两分，从某种意义上说，这是康德批判哲学的一大功绩。但不容忽视的是，如果单从自由的概念和持守的原则进行讨论的话，亦即如果我们只就道德实践中的法则通过自由概念立法的角度来看，康德必须强调自然概念和自由概念在它们如何立法上必须互不干涉，二者之间绝不能互有任何牵绊。但如果我们就此认为自由世界和自然世界是两个绝不相干的世界，就是对康德哲学工作的一种误解，因为康德虽然对自由和自然世界进行了严格的区分，但他并没有停下探索的脚步，而是更进一步地从意志立法推进到意志自由，并从意志自由通过所建立的道德法则必定会产生相应的客体进行立论，从而将属于先验世界的自由的因果性效果应用到了感性的经验世界，进而让自由对自然产生相应的影响，亦即让自由以一个自然序列开启者的身份而存在，而自然法则自然也就可以在道德法则被应用时作为评价行为准则的一个范型。但康德对自然法则何时被自由使用进行了明确的限制性说明，那就是“只是在出于自由的因果性应当受评价

①康德．实践理性批判[M]．韩水法，译．北京：商务印书馆，2016：75.

的情形下,他才把那条自然法则单纯用作自由法则的范型”①。原因就在于,如果纯粹实践理性的法则在应用时没有能够使其在经验的场合成为实例的东西,那么实践法则的应用就会缺少相应的时间和空间,也就是说无法成为鲜活的可供我们参勘的事实。在此意义上,康德指出,把感性经验世界的自然作为理智自然的范型加以应用,是可以被允许的,只要我们不把直观和依赖于直观的东西转移到理智自然,而是只把一般合乎规则的形式与自然关联起来。而合乎法则性的形式即使在最为平庸的理性中也能被加以应用,这种应用仅仅为了纯粹实践理性的应用才能被先天确定地认识到。所以,所有理知世界的东西严格说来都是没有实在性的,但借助道德法则的自由却是个例外,即使是自由也只在与自然法则不可分的先决条件的范围之内才具有实在性,而且在自然法则的引导之下,理性很可能引导我们达到其他的先验对象,但除了为了自然法则和纯粹实践理性的应用,对我们而言它们不再具有实在性。但是我们要注意的是,这个理性有权利将纯粹知性形式的自然法则应用为判断力的一种范型。但康德指出,概念范型并不是概念,所以我们绝不能把单纯属于概念范型的东西算在概念本身之列,这样在范型的应用上就成功防止了实践理性的经验主义,这种经验主义把善恶的概念放置在经验的后果之中,亦即放置在自爱原则为指导的幸福概念之中。也就是说,这种经验主义只从建立于自然因果律的感性世界的事件的结果中进行判断,并从这些事件可能的结果中选择最有利于自身幸福的事件去行动。从本质上说,这是一种意志的他律,因为它行动的原因仅在于经验世界中某个事件在自身上将要产生的后果,而根本不会考虑这个事件是否符合道德法则的命令。同时,这个范型还防范了实践理性的神秘主义,这种神秘主义把某种象征的东西当成一个图型,并以现实的但并非感性的直观构成道德概念运用的基础,比如以某种彼岸世界的永生和幸福或上帝的天堂等作为道德法则的基础。类似的神秘主义最容易引动人们的情感,而因为这种情感建立在每个人都意识到自己始终只是一个有限生命的存在者之上,所以很容易让人陷入情感胜于理智的境地。实践理性的经验主义比神秘主义更加危险,因为神秘主义毕

①康德.实践理性批判[M].韩水法,译.北京:商务印书馆,2016:75-76.

竟和我们道德法则的纯粹性和崇高性相一致,并且我们在各种宗教的训诫中都能发现和道德法则的相通之处。但实践理性的经验主义把意志的德性连根拔掉,并且把一种对感性经验的注重代替职责强加给德性,而且经验主义以此与人的一切动物性的方面结盟。在此意义上,经验主义一旦成为大多数人的行为准则,将会给我们的道德生活带来灾难性的后果。我们的道德行为之所以具有崇高的价值,原因就在于作为有限理性存在者的我们具有能够并且应当通过自己的行为彰显道德的崇高性。实践理性的经验主义却把我们意向中应有的崇高性加以篡改,同时把源自经验的个人准则置入其中。这样,每个人都可以把出于自己主观意愿的准则宣称为可被大家接受的道德法则,这种极易满足个人私欲的准则也最容易被我们所接受。但这样的行为不具有任何道德的价值性,更谈不上是对我们道德崇高性的彰显。在康德看来,我们全部道德行为之所以具有价值是因为道德法则直接决定意志。也就是说,源自自由的道德法则是纯粹实践理性的动力。

五、作为纯粹实践理性动力的实践法则

当实践法则直接决定意志时,我们的行为就具有道德的价值性。但我们要严格区分实践法则决定意志和意志合乎实践法则两种情况,因为有时候意志决定虽然合乎实践法则地发生了,但在背后起决定作用的有可能是另外的原因。比如,当某种被设定的情感成了意志充分的决定根据时,表面看来意志决定以合乎道德法则的方式发生了,但意志的决定却不是出自法则,而是出于情感的作用。这样我们说这种行为具有合法性,但绝不包含道德性,因为让意志决定的根据是某种情感而不是实践法则。举个例子,有些宗教的戒条中明确要求自己的信徒无差别地对待世界上的每一个人,表面看来遵守这条训诫的信徒的行为完全合乎实践法则,亦即这种行为具有实践法则的合法性,但这些信徒的行为却没有任何道德性,因为在这里决定意志的根据不是实践法则,而是某种宗教的情感。一种寄托在彼岸世界或者来世的报应观念上的情感对这种无差别地对待每一个人的行为起到了支撑作用。所以为了

实践法则对于意志的影响，或者说为了让我们的行为真正地具有道德价值性，我们绝不能寻求实践法则以外的动力作为决定意志的根据，否则就会产生种种无法持久的伪善。即使我们让其他一些动力，比如利益动力和道德法则共同起作用去决定意志也是不允许的。因为这种利益动力会有削弱道德法则对意志的作用力，同时利益动力的加入让道德价值有着被大大削弱，甚至走向其反面——伪善的风险。道德法则对我们行为的道德价值具有如此举足轻重的作用，但面对一种道德法则如何自为和直接地成为意志的决定根据，人类的理性却无法回答这个问题。在康德看来，这与自由意志如何可能的问题如出一辙，解决这个问题的方式就是确证不是道德法则如何在自身给出一个动力，而是道德法则作为一个动力，在心灵上产生了什么作用。一切被德性法则的意志决定的本质性东西是什么呢？那就是："它作为自由意志，因而不但无需感觉冲动的协作，甚至拒绝所有这种冲动，并且瓦解那能够与上述法则相抵触的一切禀好。"[①]在这样一种应用范围之内，道德法则的动力是以一种否定的方式出现，而且这个否定所产生的动力能够被我们先天地认识到。这个否定的作用是通过对与道德法则相抵触的一切禀好和感觉冲动的瓦解而得以展现的，因为一切禀好和冲动都建立在情感之上，所以对这些禀好冲动加以瓦解的也是一种情感。而关乎道德法则的否定的情感为我们显示了一种先天性的洞见，这种洞见就是我们从一种痛苦的情感中可以析离出充当意志决定根据的道德法则对源自我们自身的一切冲动和禀好的压制，但这种情形给我们提供了一个可以先天规定纯粹实践理性与快乐或不快乐的关系的契机。因为一切禀好共同构成了利己主义，这种利己主义一方面表现为对自己的过度钟爱，我们可以谓之自爱的利己主义，它的另外一个称号是自私；这种利己主义另一方面表现为对自己惬意的利己主义，它的另外一个称号是自负。而纯粹理性所做的只是对自私进行瓦解，而这种瓦解的方式就是把自私这种自然地和先于实践法则活动于我们之中的自爱限制在与实践法则相一致的范围之内，这样我们可以把自私称为合理的自爱。至于自负却是被实践法则完全平伏了，因为在和实践法则相契合之前所提出的自

①康德.实践理性批判[M].韩水法，译.北京：商务印书馆，2016：79.

大的主张，都是微不足道和不足为虑的。但需要我们注意的是，实践法则在这里不仅仅是一种否定的情感，它还是某种自在的肯定的东西，亦即理性的因果性形式，即自由的形式。所以在否定的情感之外，实践法则还是我们敬重的对象。实践法则着力于削弱我们主观上对它的抵抗，即以克制我们自身的禀好和冲动去贬损自负甚至平伏自负。当实践法则成为理性存在者的我们最大的敬重对象时，我们就可以宣称自身拥有了一种可以脱离经验的羁绊，并能加以先天认识和肯定的情感。这样我们就可以得出如下结论，那就是对实践法则的敬重是一种情感，这种情感“产生于理智的根据，并且这种情感是我们完全先天地认识的唯一情感”[①]。如果某种东西能够作为我们意志的决定根据，并且能把我们将自爱的主观条件颁布为法则的自负彻底瓦解的话，那么这种东西在其是肯定的和决定根据的范围内就能够自为地唤起我们对它的尊重，这样实践法则在主观上也是敬重的根据。如此一来，我们就可以先天地对如下方面进行洞察，那就是实践法则因为排除自爱原则，让自爱无法参与立法，从而对情感产生了作用。这种作用一方面表现为一种否定性，另一方面相对于纯粹实践理性的受限制的根据而言，又是肯定的。对于实践法则而言，并没有任何情感发生，但是实践法则却在事实上对源自我们主观的自爱进行了排除，这种对实践法则成为意志根据的阻碍的去除在一定程度上就是对自由的因果性很好的促进。在这里我们可以称这种情感为道德法则的敬重情感，也可以称其为道德情感。如此一来，实践法则就像它以纯粹实践理性的面目作为我们实践行为的决定根据一样，主观上也成了我们道德行为的决定根据，亦即一种动力。这种动力产生的原因就在于实践法则引发主体产生了促进法则去影响意志的情感。我们要注意的是，这种由实践法则所导致的情感是由理性导致的，它不会用来判断行为，也不会担当德性法则自身的基础，而只是充当让这个法则成为准则的动力。

但敬重可以施予的对象只能是人，而绝不能是其他事物。我们不否认动物会唤起我们心中的爱，如可爱的小狗、小猫；或者畏惧，如体形庞大的熊、凶猛的老虎。大自然也可以唤起我们对它的崇拜，但这种情绪最多只能

①康德．实践理性批判［M］．韩水法，译．北京：商务印书馆，2016：80.

被称为景仰,而绝不是敬重。因为敬重的情感只能源自实践法则对意志的完全决定及其所产生的行为。当一个人用自己的行为作为榜样对实践法则进行展示时,我们会从内心对他表示出一种敬重的情感,因为首先他用自己遵守实践法则的行为平伏了我们自身的自负,其次他用自己的行为向我们证明了一种事实:这个法则是可以被遵守并严格执行的。敬重是我们对于理性存在者在德行上的功业难以抑制的礼赞,即使对方是我们很讨厌的人甚至是我们的敌人,只要他的行为是建立在对实践法则严格遵循之上的,我们就会产生这种敬重的情感。原因就在于作为理性的存在者,我们内心都能意识到实践法则是我们自己的理性所颁布的命令,而对实践法则的遵守是我们的分内之事,当某个人以他的行为向我们展示了对法则的绝对遵循时,我们会在这种行为中看到对源自禀好和冲动的自爱的克服,以及对理性存在者本身所具有的傲慢和自负的平伏。这样对于实践法则的敬重是毋庸置疑的道德动力,而在理性的判断之中,意志的决定根据是实践法则,同时,实践法则也是唯一能决定自由的因果性因素,原因就在于实践法则严格地把对人的尊重规定为对纯粹实践法则的绝对持守。也就是说,根据实践法则理智的源头,对法则的敬重是一种可以先天被认识到的情感,亦即一种动力。康德还认为从这种动力概念可以生发出“关切概念”[①]。关切和敬重一样绝不授予理性之外的存在者,并且被严格控制在理性表象出来的范围之内。关切是这样一种情感,它只涉及实践的东西,并且仅仅出于法则的形式与法则的表象产生关联,进而产生了一种对于遵守法则的关切,这种关切我们可以称为道德的关切,在此意义上我们可以宣称,对道德法则的这种关切的能力其实就是道德情感。

这里我们会发现,意志也自由地屈服于法则的意识,并且这种意识还和理性对一切源自主观意愿的节制联系在一起,这种节制就是对法则的敬重。而依据道德法则我们可以排除一切源自禀好和冲动对意志的影响,进而让我们的行为也免除了一切源自禀好和冲动的干扰,这样我们的行为就是客观的实践的。这种排除一切非实践法则对意志的影响的行为被康德称为职责。

①康德.实践理性批判[M].韩水法,译.北京:商务印书馆,2016:86.

职责因为对非实践法则动力的排除从而暗含了强制性，亦即对实践法则必须予以遵守的强制性，这种强制性暗含着对行为无可置疑的决定，而不管这些行为是不是我们所想要发生的。这种关乎职责的情感并不像感觉对象所产生的情感那样是本能的，而仅仅是实践的，也就是说，是通过一个先行的意志决定和理性的因果性而可能的。这种源自职责的强制性的源头在于自己理性的立法，这意味着一种升华，即我们在实践中对自身立法的纯粹性的关心和注重，而且这种对情感的主观作用只有一个原因，那就是纯粹实践理性。在这里我们可以认识到自身只是受到了实践法则而绝不是其他关切的决定，并且同时意识到一个由法则上所产生的主观的关切，这种关切是纯粹实践的和自由的。我们对合乎规则的行为采取这样一种关切是理性通过实践法则所绝对地命令的和实际地产生的。这样一来，职责概念对于行为的要求是与法则的客观一致，对于行为的准则的要求是对法则的主观敬重。关于合乎职责而发生的行为的意识，与出于职责，也就是说出于对法则的敬重而发生的行为的意识之间的区别就在于此。所以道德性必须在如下的条件中才是可能的，那就是“行为出于职责，亦即单纯为了法则的缘故才发生”①。康德在这里提醒我们，如果我们思索对某个人产生敬重的原因，就会发现敬重必须依赖于某个人身上向我们所展示出的职责意识。因为敬重也不会有异于道德法则根据之外的其他根据，所以对合乎职责的行为采取的关切绝不是出于主观的意愿的声音，而是实践理性通过实践法则所绝对地命令和实际地产生的，在此意义上我们可以说，对于职责的关切的另外一个名字就是敬重。我们的敬重源自实践法则对我们意志的直接决定，这实则是一种对理性的自由立法的尊重，而职责和关切却关联着我们的实践行为。

我们会发现，实践法则会引发我们的种种情感，敬重感、职责感、关切感等，而且这些情感总是具有一种把自由和自然联合在一起的能力，从而实现了源自自由的实践法则与感性的经验世界对象的勾连。我们会在其中发现一种把自由的合目的性和自然的合目的性二而一之的契机，也就是我们的主观和客观集聚于一点的可能。而这种可能表现在康德的《判断力批判》之

①康德．实践理性批判[M]．韩水法，译．北京：商务印书馆，2016：88.

中，确切地说，表现在对判断力进行研究时所阐述的自由情感的概念之中。在那里，我们会发现自由的判断力将理论理性所应用的自然领域与实践理性所应用的自由领域整合成了一个整体。

第五章　自由与自然的贯通

一、自由与无利害的审美自由

我们看到某些事物，就会产生一种特殊的愉悦感，这种愉悦感首先会让我们以经验的方式感受到。比如，一个人看到达·芬奇的《蒙娜丽莎》，发现画中人的微笑会让他产生一种愉悦的感觉，这时他可以宣称，这幅画是美的。当然，我们看到其他能引起我们愉悦的人或物的时候也会有相似的判断，这就是审美判断。但我们审美判断得以发生的根据是什么呢？换言之，我们凭什么宣称一朵花是美的、一幅画是美的、一个人是美的？一般答案可能是，因为我看着这朵花很美，所以它是美的。但我们要注意的是，当我们称某种事物为美时就已经做出了一个审美的判断，也就意味着它的美是应当被普遍认同的。但我们会发现关于审美判断的一个困难，它不可能既是可以供不同人审美的，同时又是一种被普遍接受的判断。就拿一朵花来说，我们对它的愉悦感只是主观的，绝不能因为我认为这朵花美，所以其他人也必然会认为它是美的。也就是说，我们的主观经验绝不能被冠以普遍必然性的性质，否则这个世界将没有任何普遍性可言。因为若每个人都认为自己的愉悦感必然能得到别人的承认，最终只会有种种充满主观的愉悦感，而绝没有被普遍认可的美的感受。但不容我们忽视的事实是，所有的理性存在者在某些对象中都可以获得愉悦感，而且这种愉悦感或者说美感是直接的和当下的，并没有建立在对这个对象概念化，或者建立在对对象的原因、要素进行探究的基础之上。我可以判断一幅画很美，但根本没有必要懂得作画的任何技法，也不需要懂得作画时色彩如何搭配等，这并不影响我判断它是美的，并在这幅画中感到美的愉悦。这就牵涉到关于美的另外一种流行的说法——美的判断和某样事物本身的性质有关系，即具有了某个特点的事物会让人产生一种美的愉悦感，让人认为它是美的，并以此把某种事物的美和它们本身所具有的客观性质相关联，进而为源自它们美的愉悦感的客观性提供支撑。如上例所说，一个绘画方面的专家可以对一幅画的色彩、用笔、结构表示赞叹，并沉浸其中而产生美的愉悦感，但一个不懂画的人同样也可以被画作深深吸引，并产生一种同样的美的愉悦感，而且是在不经过任何推理或者分析的过程而直接达成的。我们面临着一个问题，那就是，让我们在审美判断中得出美的判断的能力是一种什么能力呢？

在康德看来，我们认为某物美或不美，不是通过知性联系着客体来加以认识的，而是"通过想象力（也许是与知性结合着的）而与主体及其愉快或不愉快的情感相联系"[①]。也就是说，审美判断绝不是一种认识判断，它不是和客体相关联的逻辑判断。在这种判断中没有指明和客体相关的任何东西，主体在这种判断中被表象刺激并反思性地感觉着自身。当主体是在愉快与否的情感名义下和表象相关联时，这种表象就和主体的生命感产生了一种联结，这是一种特殊的分辨和评判能力，这种能力把主体中所给予的表象与内心在情感中所意识到的表象相对照，当被给予的表象是完全合理的，并在判断中只是与主体的情感相关联的话，这种判断就是审美判断。

没有利害关系的审美愉悦由经验世界引发，却拒绝了和经验世界任何对象的关联，我们只需要通过对想象力所引发的表象进行反思的方式就可获得愉悦的情感。这种审美愉悦的获取方式很容易让我们回想到之前康德对自由的探讨，无论在主体作为原因开启者的自由、绝对律令，还是实践法则的辨析中，康德一直杜绝自由和经验世界产生任何关联，没有利害关系的审美愉悦同样秉承着此种品质，审美愉悦获得了和先验自由同样的高贵出身，这种先天地不与任何经验世界的客观对象相沾染的品性让审美愉悦天然地具

①康德．康德三大批判合集：下[M]．邓晓芒，译．杨祖陶，校．北京：人民出版社，2009：249.

有先验的指向。

主体在想象力的驱动下消除了经验世界的种种羁绊，主体愉悦感的源头在于反思地感觉着的自身，这种愉悦不依凭任何经验性的客观实存。在这种愉悦中，主体突破了作为有限存在者的种种限制，线性的时间序列被抛之脑后，主体对其生存的空间也可以弃之不顾，主体在此时完全沉浸在反思性的愉悦中，自足于当下的状态，自乐于当下的感觉。这种无利害的审美愉悦之所以让我们欢喜，是因为它让主体摆脱了经验世界的物质性利害关系，主体通过自身内在的努力获得了一种精神上的升华，这种升华是一种精神上的自由。这种超脱经验世界的自由感和与经验世界的欲求相关联的愉悦感有着严格的区别。

在康德看来，我们的愉悦可以分为三种，审美判断的愉悦、快适的愉悦、善的愉悦。其中只有审美的愉悦是不带任何利害关系的愉悦，而快适的和善的愉悦因为和一个对象的实存的表象相结合，所以它们总会和欲求能力相关：要么它是欲求能力的根据，要么就是和欲求能力的根据必然关联着。快适的愉悦因为和一个客体相关联，虽然也是一种感觉，不仔细分辨的话，它和审美的感觉没有什么具体的差别，但实际上二者有着严格的区别。康德举例说，草地的绿色属于客观的感觉，即对一个感官对象的知觉，但对绿色的快意却属于主观的感觉。在这里，草地的绿色是对草地这一对象的客观表象，它是建立在对草地这一实存者的概念认识之上的。绿色的快意并没有让任何对象被表象出来，它只属于审美的愉悦感，这种源自主观的情感的对象是作为愉悦的客体而被鉴赏的。我们要注意，在这里被鉴赏的绝不是对象的知识，而是由对象引动的情感。

在这里，康德为我们区分了客观上存在的绿色和主观上存在的绿色的快意，之所以对二者进行区分，原因在于二者均可能给主体带来愉悦感，但主体在二者中获得愉悦的路径却截然不同，快适必然和经验世界中某个可以被我们表象的对象相关联，否则我们将无法产生快适的愉悦。例如，曹操在亲临沧海之时才客观地获得了沧海的水、山、树、草、风、波等客观表象，我们可以说，沧海作为客体给他带来了快适的愉悦。但曹操所获得的“日月之行，若出其中；星汉灿烂，若出其里”的审美愉悦却是源自观沧海所产生的情感的体悟与鉴赏，这种愉悦只指向曹操自身内在地对沧海所引动的情感的判断，而和客观存在的沧海没有实际性的关联。这种对外界事物关联的斩断让主体只专注于对自己主观感觉的识取，不假外物获得一种对自我情感的鉴赏。这种愉悦可以带来一种超越经验世界，超越时空的自由感受。

善是借助于理性，由单纯概念而让人喜欢的，所以善的愉悦总是和一定的利害关系相关联。当我们把某些事物称为善的，那是因为这些东西只是作为手段而让我们喜欢，如无偿地帮助穷人是善的，或者说是好的，但在这里被称为善的和好的只是帮助别人的手段和相应的措施，如果没有了这些手段，这个行为就不能被称为善的或者好的。当然还有另外一种情况，那就是某种事物本身被称为善的，也就是说这个事物是单凭自身而被我们称为善的，比如，一个有利于病人康复的草药被称为善的，在这里这种草药的善没有包含任何手段在其中，它本身就是善的。但无论作为手段的善和好，还是仅凭自身所致的善和好，这两种情况都始终包含着某个目的的概念，也就是说，在这两者当中都有一种能够满足我们某种欲求的潜质和可能，所以这里面就有了理性和意愿之间的关系，在这个关系中也就包含着一个客体或一个行动中所能导致的愉悦，而因为这种愉悦和某种目的相关联，也就和某种利害相关联起来了。当我们知觉到某物是善的，我们在做出这个判断之前必须知觉到这个对象，也就是必须拥有关于这个对象的概念，否则我们的善就没有客体可以附着，我们也无法得出善的判断。相反如果我们觉得某物是美的时候，我们就无需获得关于这个事物的概念，即使那些没有任何意义的事物，也能让我们产生愉悦感。对美的东西的愉悦必然把我们引向对某一个对象的反思。在康德看来，反思可以让对象的表象在我们心中唤起愉悦，但引起这种愉悦的表象之下的对象是否存在与我们能否产生美的愉悦感没有太大的关系。康德认为，判断一个对象是不是美的，主要取决于我们怎么评价自己心中的表象，而不是取决于我们在某个方面依赖于这个对象的实存。因为关于美的判断一旦含有任何利害观念，那这个判断就没有资格被称为审美判断了。这就要求我们在进行审美判断时首先要对事物的存在与否没有倾向性,这样方能在审美鉴赏判断中充当评判员的角色。

借助某种手段和凭借某物本身可以给主体带来所谓善的愉悦,是因为手段或者事物本身满足了我们自身的某种欲求。假如某人通过投资获取了丰厚的资金回报,我们可以说这次投资是成功的,投资者也可以从此次投资的成功中获得其投资人的尊重,彰显自身的价值并获取巨大的愉悦感。但我们要注意的是,这种愉悦感是建立在投资手段的成功,金钱的获取基础上的,反之,投资失败和血本无归将会给他带来巨大的挫败感和失落感。在这里个人欲求的满足与否成为是否产生善的愉悦的前提条件,善的愉悦受制于手段的成功、欲求的满足,此中充满了各种利害关系的权衡,各种得失的盘算,诸多权谋的算计,无利害的审美愉悦必然是不可得的。

由此可以得出,无论是快适或善都和欲求能力有关联,同时二者也有所区别,快意是一种通过刺激为条件才能产生的愉悦,而善则是一种纯粹实践性的愉悦,二者不仅仅是通过对象的表象,而且是通过主体和对象的实存之间的联结来加以确定的。也就是说,二者不只是由对象产生愉悦感,就连对象的客观实在也是可以和愉悦感相关联起来的。关于美的审美判断是一种静观,它对于对象是否存在并不关心,也不会由某种条件刺激而产生,它只是通过反思把对象的性状和愉快与否的情感进行对照。但我们要注意静观绝不是针对某种概念的静观,而是针对对象的表象而发,是一种纯粹主观范围内的静观,也就是说,审美判断不是理论上的认识判断,更不是实践上的认识判断,所以审美判断并不建立在概念之上,也不以概念为目的。康德总结道:“快适对某个人来说就是使他快乐的东西;美则只是使他喜欢的东西;善是被尊敬的、被赞成的东西,也就是在里面被他认可了一种客观价值的东西。”①快意不仅仅适用于人类,而且对无理性的动物也是适用的,我们可以从一只小狗获得一根骨头的表现感受到它的快意,这种快意和人获得某种自己想要的事物的快乐是基本相同的,也就是说,快意的产生建基于我们的动物性部分,但美只能在人类这种有理性的存在者之中产生。一方面我们是理

①康德.康德三大批判合集:下[M].邓晓芒,译.杨祖陶,校.北京:人民出版社,2009:255.

性的，可以对某个事物进行反思，但同时我们又是动物性的存在者，能够体验到愉悦和快适，这样只有在理性与动物性兼具的人类身上，才能产生美的概念。善则不同，动物因为没有道德生活，所以它们的行为无所谓善，人虽然有些行为是动物性的，但人相对于动物来说又是理性的存在者，而善对每一个理性的存在物都是适用的。康德对此总结道："三种愉悦方式中唯有对美的鉴赏的愉悦才是一种无利害的和自由的愉悦。"[①]可以说快适与爱好相关联，而善与敬重相关联，美则与惠爱相关联，在爱好和敬重中都有一种感官或理性的利害，所以快意与善能带来愉悦，但绝不是自由的愉悦，因为这种愉悦是建立在一个爱好的对象或者一个理性欲求对象的追求和满足之上的，也就是说这二者所产生的愉悦感是以需要为前提的，它们只能产生愉悦感，但绝对无法产生关于对象的自由的愉悦感。所以在这三者之中只有与美相关联的惠爱是唯一自由的愉悦。

康德在这里把无利害的审美愉悦称为"自由的愉悦"，我们所讨论的审美自由和之前的先验自由是完全不同的概念，这里无利害的审美自由所指的是主体对自身情感的一种内在观感，这种情感可能由外在的事物引起，但这种内观自身情感所引动自由的愉悦却绝对地源自主体自身，这种自由的愉悦为有限存在者按下了经验世界诸多牵绊的暂停键，从而让主体在逝者如斯的时空中可以得到片刻没有任何束缚的心与身的颐养。在此意义上我们可以说，审美的自由愉悦最核心的要义就是没有任何束缚，那么这种自由的愉悦是否具有普遍性呢？如果有的话它的机制又是如何呢？这一切都将在对自由情感的辨析中得到回答。

二、自由与无约束的自由情感

康德指出自由的愉悦感，即自由的情感和我们所探讨的先验的自由有着严格的区分，因为这种自由情感和美相关联，而美的事物中的合目的性正因

①康德．康德三大批判合集：下[M]．邓晓芒，译．杨祖陶，校．北京：人民出版社，2009：255.

为没有被任何源自感性和理性的规则所束缚而显出自己是自由的。也就是说，自由的情感是不和任何概念相关联，却在反思判断力的作用之下在主观中可以拥有的普遍性情感。在反思判断力对美的判断中，有关表象的普遍可传达性的判断依据只在没有对象概念的情况下才被设想，那么这个判断的依据就只能是表象力的相互关系中的那个内心状态。由这种表象所激发起来的认识能力在这种状态中处于“自由的游戏中”[①]。之所以是自由的游戏，因为在这里没有任何确定的概念，也没有必须遵循的认识规则，更没有相应的客体，而只有表象上相互激荡中的内心状态。这种内心状态在这一表象中必定是诸表象力在一个给予的表象上朝向一般认识的情感状态。这里我们需要想象力，因为唯有想象力才能把直观的杂多加以收摄；同时需要知性，这样才能把关系到诸表象的概念统一起来。这些认识能力在对象给出的某个表象上自由游戏的状态是可以普遍传达的，否则这种自由的情感就只能停留在个人主观的感受上而无法获得被他人承认的资格。这种自由感无论在哪一个理性存在者那里都会被发现，所以每一个人对这种现象的表象方式只能是自由感，在此意义上我们可以宣称，自由感是普遍可传达的，亦即它具有一定的普遍必然性。当然这种普遍必然性和先天概念的普遍必然性有着本质的差别，在这里作为可普遍传达的自由感没有和任何概念和客体相关联，它只是在反思判断力的作用之下把某个对象的表象在自己的主观范围内进行表象式的反思，从而在知性和想象力的作用下得到一种无利害的自由情感。这种主观普遍可传达性因为不以某个确定的概念为条件而发生，所以自由感只是在想象力和知性的自由游戏中的内心状态，只要知性和想象力协调一致，这种主观关系就和每一种确定的认识一样对每个人都有效，且必定是普遍可传达的。

自由的情感绝不指向任何概念，但在反思判断力的作用之下，它指向主体内心的一种情感状态，由于不牵涉任何外在的概念，所以从主体角度来说，这种自由感更确切地来说类似于一种自我悠游的游戏。在内心的自我激

①康德.康德三大批判合集：下[M].邓晓芒，译.杨祖陶，校.北京：人民出版社，2009：262.

荡中，主体感受到一种自身营造的自由，但对这种内心状态的识取却需要想象力对直观的统摄以及知性对诸多表象概念的统一。也就是说，自由感严格说来是非常主观的，甚至是私人的，但这种自由感却是想象力和知性二者携手合作的结果，想象力和知性在此的作用是客观的，它们在每一个理性存在者身上都可以普遍性地产生作用。在此意义上我们可以说，主体主观的自由情感具有可以普遍传达的机制，如此一来审美的自由感也就获得了自身的普遍有效性。

在这里我们可以看出，康德的“自由的情感”主要指心灵活动在主观上一种无束缚的游戏状态中所产生的愉悦感，而这种心灵活动是我们诸多认识能力之间自由和主观合目的的一种使用。这种“自由的情感”中的“自由”既不受感性的束缚，也不被知性的概念所限制，甚至理性的先验自由法则也无法对这种自由情感做出任何规定，因此这种自由情感概念和康德自由思想中先验自由概念的意义完全不同。我们都知道，康德的先验自由概念是在《纯粹理性批判》和《实践理性批判》中提出、构建并证明的，先验的自由只属于实践的领域，是道德领域中才被应用的一种先验概念。在康德的思想体系中，自由的客观实在性是理性的立法意志的特有因果性，即自律性，而理性根据自由概念而设立的实践立法就是道德哲学。先验的自由概念包含着实践的立法，但绝不是没有法则的自由。康德一直注重把自由概念与无法则无约束的自由概念相区分，在理性自身立法又约束自己的辩证意义上赋予自由一种全新的意义，从而在感性的自然界和先验的本体界之间谋求一种平衡，为自由的现实性提供了依据和证明。自由情感在这里却不再被感性所束缚，跳脱开知性的认识负担，也没有丝毫被理性的实践立法所影响，康德在理论上为我们开辟了另外一个截然不同的场域，这个场域中的主体游走在感性、知性和理性的权力范围之外，这个场域同样带给主体一种自由，不过这是一种不同于实践理性立法所带来自律的自由，获得这种自由的契机就在于在此场域中我们不需要任何立法者，同样主体在此场域中也不需要遵循任何立法。主体在此场域中不需要自律，更和他律没有任何关系，但我们会发现主体竟然会因为没有任何束缚而产生自由的愉悦。如此，康德从先验自由自己约束自己的反向状态中向我们揭示了另外一种和先验自由截然不同,却又有着自身产生机制和普遍性的自由型态,为我们贡献了自由的另外一种面相。

但是在康德看来,唯有先验的自由才能称得上自由的真实之义,在此意义上我们可以宣称,自由的情感并不归于先验自由的领域之中,也就是说,审美自由的愉悦感不是经过先验自由的概念而引发的。康德在《判断力批判》中所使用的自由意即没有约束的意思,当然这种没有约束只是指自由的情感和审美的愉悦,因为在审美中没有任何感性的利害关系,也没有任何理性的利害关系强迫我们按照某种原则行事。一个被我们的天性所喜爱的对象,或者一个由理性的立法引导我们去追求的对象都不能成为审美愉悦的对象,因为二者都不是个体对对象做出自由无约束的判断。在康德看来,反思判断力追求一种纯粹的审美愉悦感,亦即追求一种不涉及任何概念性条件的鉴赏判断,这样一来反思判断力就表现出一种对建立于概念之上的诸多判断的扩充,亦即反思判断力把自己的作用范围严格限制在非概念的领域。这种限制表面看来好像是学理上的自洽需要,毕竟反思判断力一旦离开自己独属的场域,冒险进入概念性的领域,它就会失去自身独有的品性,但实际上这种限制源自审美的自由感对纯粹性的追求,因为唯有在非概念的领域之内,审美的自由与愉悦才能真正发生。对自身独有场域的限制保证了审美自由的愉悦不会被其他产生愉悦的机制所接管,我们可以说,纯粹性是审美自由得以产生和持存以及在理性存在者之中被普遍传达和承认的终极保证。在我们这里似乎看到了一种沟通理论哲学和实践哲学的契机,这片有着自身威权的场域是否可以通过某种方式实现自然的领域和自由的领域的贯通呢?康德对自由之美和依存之美的区分展示了他对这项贯通自由与自然领域工作的初步努力,这种努力的成果在于把自由之美与依附之美全部统摄在美的概念之下。

康德明确地告诉我们"有两种不同的美:自由美,或只是依附的美"[1],还分别以拉丁文"pulchritudo vaga"(流动之美)和"pulchritudo adhaerens"(固着

①康德.康德三大批判合集:下[M].邓晓芒,译.杨祖陶,校.北京:人民出版社,2009:273.

之美)进行了标明。自由美不以任何对象应当是什么的概念为前提,即自由美对美的判断不牵涉任何的概念;而依附的美则牵涉一个概念并以概念的完善性为前提。我们很容易就能发现二者之间的差别,那就是,是否依附于一个概念,从属于一个特殊目的的概念之下。自由美仅凭自己就让人喜欢,而依附的美必然会以某种概念作为条件。比如大自然中的花朵,我们看到一朵花的美就属于自由的自然美,即当我们认为一朵花是美的时候,绝不是在某种条件之下认定它是美的,比如它的繁殖力强,它能更好地适应自己生存的环境等。我们通过鉴赏获得美的愉悦时绝对没有任何附加的条件,而只是在纯粹的无任何利害的鉴赏中认为这朵花本身是美的,也就是说,我们对花的美的判断绝不会以它的完善性,或者以任何它所关系到的内在目的性为基础。当然,这种自由美并不仅仅包括自然中的诸多事物,很多人工的线描、一段没有标题的音乐、其他没有表达某种确定概念的客体,都可以归入自由美的类型之中。

我们就可以看到,判断一物是否属于自由美的关键就在于它是否被归属于某个明确的概念之下并成为这个概念的客体,如果没有的话,那它就是一种自由美。在这里我们还要明确,这种自由是不受任何条件(无论是感性的条件还是理性的条件)约束的自由,是和先验的自由没有任何关联的。我们可以说,在对一种自由美进行鉴赏时,那种判断是绝对纯粹的,它没有预设一个目的概念,而一旦我们设立了一个目的概念,为了这个目的而服务于这个客体并在客体上有所表现而要求杂多的话,我们想象力的自由就会受到某些条件的限制,我们可能会产生美的愉悦,但这绝不是自由美,而只是依附的美或者说固着的美。

跳脱自然之外,当我们把发现美的目光放在我们所处的非自然世界时,就会出现和自由美截然不同的情形。比如,当我们称赞一个人美时,这种美总是以一个目的概念为前提的,一个人可能因为身体健硕被称为美,可能因为才思敏捷被称为美,可能因为天真无邪被称为美,可能因为瓜子脸、大眼睛被称为美……但我们会发现这些美总是被一种完善性的概念所规定,同时暗含着一种应当,反之如果和这种应当没有任何契合性的话,我们就不会称之为美。如果女性美的标准是瓜子脸，大眼睛，皮肤白，声音好听，身材好，一个女性符合了上述的所有条件，就会被称为完美的，符合了上述几个条件，那就会被称为比较美的，如果没有符合上述的任何条件，那可能就没有人把美的称号加在她的身上了。我们会发现上述对一个女性美或不美的判断是被一个完善性的概念所规定的，越是符合这个完善性所提供的标准，就越会被认为是美的，我们对这种美的判断是建立在一个条件之上的，被评判的人或物因为符合了相应的概念和条件才能被称为美的，亦即这种美是附着在这些美的条件之上的，是一种固着之美。如果时空切换，我们回到唐朝的话，恐怕当代被评为美的女性就不能被称为美了，因为美的条件已经发生变化，也就是说美的附着物已不复存在，我们会看到，这种美是不自由的，有束缚的，是一种依附性的。

我们应该注意的是，按照自由美和固着之美的区分标准，我们可以得出快意的感觉与本来只涉及形式的美相结合会导致鉴赏判断的不纯粹性，而善与美相结合同样也造成了对鉴赏判断纯粹性的一种损害，也就是说快意的美和善的美都只是一种固着之美，二者都是建立在某种概念之上的愉悦。然而，美的愉悦却是这样一种愉悦，它不以任何概念为前提，而是和对象由以被给予的那个表象直接结合在一起。在这里是对象由以被给予的表象，而不是对象由以被思维的表象，如果这种愉悦依赖的是后者的话，这种判断就不能是一个自由和纯粹的审美判断了。如果我们认定每个判断都应该有一个内在的目的对象的话，纯粹的审美判断要么抽掉了自身判断中的目的，要么判断本身没有目的相关概念。这样判断者即使得出了一个正确的审美判断，即把某个对象评判为是自由美的，但仍然会受到着眼于对象目的并把美当成依附美的人们的诘难。在某种程度上，双方都做出了正确的判断，只不过依附美的判断者依据的是我们感官面前的东西，而自由美的判断者依据的是我们思想中的东西。根据这个区别，我们可以向争执双方指出，他们一方坚持自由美，一方坚持依附美，自由美是一个纯粹的审美判断，依附美则是一个应用的审美判断。

如上所述，自由美和依附美有着不同的产生机制，不一样的彰显方式，不一样的主体感受等，但二者在这些差异性之外，还存在着契合点，那就是，它们都是美的一种，均可以带来愉悦。自由美和依附的美一个是纯粹的不掺杂任何利害关系的美，一个是依附于经验世界中某个目的或者概念的美；一个是跳脱了感性、知性及理性束缚的美，一个是直面自然世界的欲求的美。但二者产生的美的愉悦却是相通的。作为有限的理性存在者，我们有时很难对自由美和依附的美做出严格的区分，或者说，当我们沉浸在审美的自由感觉之中时根本不会对这种感觉属于哪一种美做出严格的区分。我们是“有限的”，所以我们很难摆脱经验世界的诸多欲求，以及欲求得到满足所带来的愉悦；我们又是理性的，所以我们又具有一种追求向上的超脱一切束缚的自由倾向。在这里我们可以发现超脱的愉悦和欲求的愉悦在主体身上达到了一种奇妙的平衡，仅就二者所带来的愉悦来说，自由美和依附美有一种贯通的趋向。

三、自由与自然在判断力中的贯通

康德在《判断力批判》中明确告诉我们，如果我们只就哲学凭借概念而包含事物的理性认识的诸原则而言，哲学通常被划分为理论哲学和实践哲学。我们之所以对哲学进行这样的划分就在于它们二者有两种各不相同的原则，即“自然概念和自由概念”[①]，这两个原则必然指向两个完全不一样的客体，否则我们就没有区分它们的必要。自然概念让按照先天原则的某种理论知识成为可能；自由概念却与自然概念有着一种天然的对立，并在对意志规定的基础上建立起扩展性的原理，也就是实践的原理。如此，康德把哲学划分为自然哲学的理论部分和道德哲学的实践部分。康德认为，虽然把自然概念的实践和自由概念的实践等同起来的做法没有开拓一个新的哲学领域，却为我们拈出了“意志”这个对象。意志，作为欲求的能力，被充当为感性经验世界中很多事物的自然原因，而自然的原因是通过机械作用或者自然的本

①康德．康德三大批判合集：下[M]．邓晓芒，译．杨祖陶，校．北京：人民出版社，2009：222.

能被规定为原因的，所以通过意志可能的东西，我们就把它称为在实践上是一种可能的。但意志又是按照概念起作用的一种原因，从而与自然的原因概念区别开来。所以，意志一方面可以充当感性世界的自然原因，它的影响力关涉到自然世界；另一方面它又是通过概念而得以可能的，又沟通了理论世界或者说理性的自由世界。那么赋予意志原因性概念是一个自然概念还是一个自由概念呢？康德给出的答案是："意志不仅仅从属于自然概念，而且也从属于自由概念。"[①]意志之所以从属于自然概念，原因就在于：第一，意志的原则是基于概念的，而且意志还涉及自然概念中的物的可能性；第二，意志可以按照规则被自然的冲动所规定，所以作为欲求能力，亦即自然能力的意志也可以被称为自然概念。但意志所从属的自然概念所表现出的规则绝不能被称为规律，如果那样意志就和自然因果律没有什么不同了，所以意志的规则只能被称为"规范"，而被称作"规范"的原因就在于意志不仅仅从属于自然概念，而且从属于自由概念，并且意志的诸原则只有在和自由概念相关联时才能被叫作"规律"，自由和意志的规律及其推论也构成了实践哲学的部分。

康德举例说，纯粹几何学问题的解答不属于几何学的一个特殊部分，实验或观察的机械或化学技术同样也不可以被视为自然学说的一部分，而家庭经济和国民经济，社交艺术等规范算不上普遍的幸福学说，更不可以被称为实践哲学，原因就在于，它们只包含了一些"熟巧规则，因而只是些技术上实践的规则"[②]。这种技术上的实践规则的目的是按照因果的自然概念达到可能的结果，而自然概念属于理论哲学，所以这些技术上的实践规则只是作为自然科学的补充规范，它们不能在实践哲学中有自己的位置。我们要注意的是，虽然在实践哲学中没有它们的位置，但并不影响它们在适当的范围内发挥自己的作用。而那些建基于自由的概念上，同时完全排除意志由自然而来的规定根据的道德上实践的规范，因为全部建基于某种超感性的原则之上而

①康德．康德三大批判合集：下[M]．邓晓芒，译．杨祖陶，校．北京：人民出版社，2009：223.

②康德．康德三大批判合集：下[M]．邓晓芒，译．杨祖陶，校．北京：人民出版社，2009：224.

和哲学的理论部分并列而被称为实践哲学[1]。康德在上述的论述中,为我们严格区分了自然哲学、实践哲学,以及源自自然哲学,展现于实践哲学的实践规范。通过分析,我们可以知道,和自然哲学以及实践哲学均有着一定关联的实践规范的总和并不由于自身是实践的而被实践哲学纳入自己的范围之内,即使这些实践规范的原则源自理论知识的概念,而且它们也具有道德实践的性质。

知性通过自然概念进行理论性的立法,而理性则通过自由概念进行实践性的立法。这两种立法可以并行不悖,同时又互不干扰,存在于同一个主体之中。也就是说,自然规律与自由规律有着自己产生作用的领域和范围,所以二者绝不会侵入对方的领地之内。但无论是自然律还是自由律,二者在感性的经验世界里面一直互相牵绊,无法寻找到合适的契合点,因为自然概念的对象源自直观,但这个对象只是作为现象的对象,根本无法触及自在之物,只是自在之物的现象而已。自由概念虽然可以在其客体中设想出一个自在之物本身,但这个自在之物却并非按照自然的方式在直观中被设想,所以无论自然概念还是自由概念都无法获得关于自身所关注的客体的自在之物的理论知识。这个自在之物超越了感性的经验世界,但我们在对经验对象进行解释和认定时又必须仰仗着自在之物的概念才得以可能。悲哀的是我们永远没有办法把自在之物这个理念提升为一种知识,更尴尬的是我们对理性的理论运用以及理性的实践运用必须以理念的方式去对它进行描摹,但终究我们对理念世界的概念与出自自由概念的规律一样只能从实践的实在性角度来对它们进行确证,但这种实在性对我们把认识扩展到本体世界的事物上毫无裨益。表面看来,作为感性经验世界的自然概念所起作用的领域和作为本体世界的自由概念之间是无法进行沟通的,因为它们一个以我们的直观为条件,是物自体的一个现象,而另一个却是以本体世界的自由为条件,并在感性世界中对其加以实在性的展示。所以任何想要从自然的概念世界实现到对本体的自由世界的过渡,想要让自然世界对自由世界产生影响的做法都

①康德.康德三大批判合集:下[M].邓晓芒,译.杨祖陶,校.北京:人民出版社,2009:224.

无异于希求石树开花,因为我们的经验永远无法把理念世界的对象作为知识。但是,自由概念应当对自然概念的世界有所影响,因为自由概念得以被我们所证实的依据就是它的规律所提出的目的在感性的经验世界中成了现实。那么既然自由规律可以在自然世界中得以展现,我们就可以确定自然规律的形式的合规律性至少会和依照自由规律在感性世界中实现的目的相协调。也就是说,自由概念的规律之所以能在自然世界中现实化,是因为自由和自然概念之间有着某种相契合的目的,要不然二者就无法在经验中实现一种对接。康德断定,"终归必须有自然界以之为基础的那个超感官之物与自由概念在实践上所包含的东西相统一的某种根据"[①],但关于这种根据的概念我们却无法在理论或者实践的领地上为它寻觅到一个安居之所,所以它无法在哲学领域中觅得一片属于自己的领地,那么在这两种根据之间寻找一种让它们互有联系的过渡是否可能呢?答案是肯定的。

自然界指向于物自体但知性却无法一睹它的真容,自由的实践法则昭示着某种超越自然因果律的威权,并且这种威权通过意志与实践法则实现了在自然界的现实化。我们对自然界向上的认识被阻碍,以及我们对自由的证明只能求助于发生在自然界中的种种实践性的现实都把我们导向了自然界。如此一来,是向上求索向下的现实化在自然界中依稀彰显着某种目的性的契合,前面的诸多论述已经说明这种契合绝不会立足于秉承自然因果律的自然世界,同样也不可能立足于彰显自由概念的道德世界,我们需要能够连接二者并具有逻辑自洽性的一个全新环节。

从逻辑上讲,充当我们先天理论知识根据的自然概念的基础是知性的立法,而自由概念则是建立于理性立法的基础之上的,自然概念和自由概念不仅可以按自身的逻辑形式在相应的领域应用相应的原则,它们二者还有属于自己独特的立法,不应该存在理论哲学和实践哲学之外的任何其他立法。但康德认为存在"一个处于知性和理性之间的中间环节。这个中间环节就是判

①康德.康德三大批判合集:下[M].邓晓芒,译.杨祖陶,校.北京:人民出版社,2009:226.

断力。”[①]在康德看来，判断力自身并不可以先天地包含自己特有的立法，从而和理论哲学和实践哲学分庭抗礼，但判断力先天地却含有一个寻求规律的原则，这个原则为判断力所独有，尽管这个原则不能把握任何对象性的事物，但这个原则却拥有了一个和理论哲学和实践哲学相类似的某种表现，而且这种性状只能和这条原则相契合。在这里，我们需要一个新的依据把判断力和我们的表象能力进行一种秩序的结合。作为理性存在者的我们的心灵能力大致可以分为以下三种类别，第一是认识能力，第二是欲求能力，第三是愉快与否的情感。在认识能力看来只有知性是立法的，但如果理论认识的能力和自然发生关系时，只有就自然作为现象而言我们才能拥有先天的自然概念，这种自然概念的另外一个称谓就是纯粹知性概念的立法。对于和自由概念相联系的意志的欲求能力来说，唯有理性中的自由概念才是先天立法的，和判断力处于知性和理性二者之间的情形相同，在认识能力和欲求能力之间是愉悦与否的情感，那么既然知性和理性都包含着相应的先天原则，对知性和理性加以联结的判断必然也包含着某个先天原则，正如联结某两个事物的中介必然会和联结的两端有着某些类似的性状，否则这种联结就无法完成。既然判断力包含着一个先天原则，而欲求能力必然关联着某种愉快与否的情感，对这种愉快感到底源自某种低级的生理性的欲望还是源自道德律所产生出来的高尚的愉悦我们暂且不论。在这里我们可以看到，判断力造成了从自然概念的领地向自由概念的领地的过渡。在此基础上康德指出，纯粹知性批判、纯粹判断力批判、纯粹理性批判构成了纯粹理性批判的三个有机部分，而三者都是先天的、立法的[②]。所以这三者都被康德冠以“纯粹”，而关于纯粹知性和纯粹理性的批判我们已经有了相应的探讨，现在我们要研究的就是纯粹判断力的批判，确切地说，是关于判断力的先天立法能力的一种证明。

关于判断力，康德认为是一种普遍和特殊的关系，这其中大致有两种可

①康德．康德三大批判合集：下[M]．邓晓芒，译．杨祖陶，校．北京：人民出版社，2009：227.

②康德．康德三大批判合集：下[M]．邓晓芒，译．杨祖陶，校．北京：人民出版社，2009：229.

能性，一种是从普遍到特殊，一种是从特殊到普遍。如果关于普遍性的规律、概念、原则已被给予了我们，我们利用这些原则把相应的特殊归摄到相应的普遍性之下，那么这个判断力就是规定性的[①]。我们对苹果的定义是“圆形，味甜或略酸，是常见水果”。在这个概念之下，我们可以把按颜色区分的青苹果、红苹果等，按品种分的红富士、花牛等，按产地区分的欧洲中部、中亚等加以判断并归入“苹果”这一普遍的概念之下。假设苹果是这个世界上唯一的水果，但现在如果我们发现了另外一种无法被归摄到苹果概念之下的水果，比如香蕉，那么在这里我们就需要进入从特殊到普遍的过渡，也就是说特殊（香蕉）被给予了我们，我们的判断力现在的任务就是去为它寻求普遍，那么这种为特殊寻求普遍的判断力就是“反思性的”[②]。而之所以会有反思性的判断力这种不同于规定性的判断力的型态存在，原因就在于自然界拥有众多的形式，这些形式仿佛是对先天的自然概念的种种变相，但纯粹知性先天给予的规律只能对自然的一般可能性进行归摄，而绝不可能将自然概念的种种变相也全部摄入自身所具有的规律之下。如此我们就需要一种不同于知性规律的专门的规律来对这些变相进行处理，这些专属于变相的规律在知性看来具有一种偶然性，但因为它们可以对变相进行统摄，我们又冠以规律之名，所以这种规律在可以对变相的多样性进行归摄的层面上是具有一定必然性的。反思的判断力需要把自然中的某种特殊性上升到普遍的高度，而要达到这种普遍性的认证的话，首先需要一种原则，这个原则绝不可能从感性经验中产生，因为被命名为“原则”的东西必然是为一切经验性的事物提供统一性的根据，所以原则绝不能有一个经验性的出身。同时这个原则也不能源自超经验性的知性和理性领域，因为那些领域属于先天的知性和理性的权力范围，同样它也不能被提前赋予某种普遍性，那样的话它就会变成规定性的判断力，现在这样一种先验原则的反思性的判断力只剩下一种

①康德．康德三大批判合集：下[M]．邓晓芒，译．杨祖陶，校．北京：人民出版社，2009：229.

②康德．康德三大批判合集：下[M]．邓晓芒，译．杨祖陶，校．北京：人民出版社，2009：229-231.

可能性，那就是“反思性的判断力只能作为规律自己给予自己”[①]。

我们对杂芜世界的认识是在先天的知性赋予我们相应的概念和原则之后，再通过判断力对诸多事物规定性的统摄完成的，这种规定性的统摄的表现就是在把握普遍的基础上将诸多特殊的事物予以相应的安置，或者说判断力在这里为诸多的特殊事物提供一种归于何种普遍的规定，康德把这种判断能力称为规定性的判断力。但我们的知性不可能先天地赋予我们可以统摄所有特殊事物的概念和原则，当规定性的判断力无法为某个特殊事物提供归于何种普遍的指向时，判断力只能“自做主张”，这种自作主张循着和规定性的判断力相反的路线，内含着对先天的知性所提供的原则或者概念的反向考量，所以康德称之为反思性的判断力[②]。同时这种判断力因为不再遵循先天知性所提供的原则，自己赋予了自己相应的规律，也向我们昭示了反思判断力自身所具有的先天性。下面我们就会反思判断力的先天性进行辨析。

在这里康德把反思性的判断力自己给予自己的机制和知性的规定性的判断力进行了一种类比，即我们在对给予反思性判断力的对象寻找普遍性的证明时，要按照知性为认识能力提供统一性的方式，唯有如此这种建立在特殊的自然规律上的经验系统才得以成立。但我们要注意，这只是一种假定，实际上并没有这样一种知性存在，换言之，是为说明的需要而用知性的原则进行类比。我们在这里所讨论的只是反思性的判断力，而它作用的原则（反思）绝不可能是规定，同时反思性的判断力进行反思的目的是给自己提供一种规律，而不是给自然界提供一个规律。依据这个类比的方式，康德还提出了一个自然的合目的性的概念，在康德看来，一个客体的概念本身含有这个客体现实性的依据，所以被称为目的，而一个事物的形式的合目的性就是指某个事物自身的那种唯有按照目的才得以可能的性质的一致性。在此基础上，康德指出“判断力的原则就自然界从属于一般经验性规律的那些物的形

①康德．康德三大批判合集：下[M]．邓晓芒，译．杨祖陶，校．北京：人民出版社，2009：230.

②参见康德．康德三大批判合集：下[M]．邓晓芒，译．杨祖陶，校．北京：人民出版社，2009：229-230.

式而言，就叫作在自然界的多样性中的自然的合目的性。”[①]这个自然界的多样性中的自然的合目的性概念让人们认为好像有一个知性包含着自然界那些经验性规律的多样统一性的根据似的，但实际上它的根源在于反思性的判断力之中。在此意义上我们可以宣称，自然的合目的性是一个特殊的先天概念。它的特殊性在于我们只能就这一概念在自然中按照经验性规律已给出的现象的联结来对自然进行反思。而且自然的合目的性概念与实践的合目的性也没有任何相同之处，所以自然的合目的性概念属于先验原则，而且是判断的一条先验原则。我们在经验的可能的根据中所发现的必然是普遍规律，而这些普遍规律是基于知性的范畴，进而被应用于我们一切可能的形式条件之上的，在这些规律之下判断力就是规定性的。但不容我们忽视的是，经验性知识的对象不仅被形式的时间条件所规定，在先天地作为判断的范围内同样也可以对经验性知识的对象加以规定，这样各种殊异的种类在它们和自然相符合的性质之外，还能以各种各样的方式成为原因性的存在。而每个原因必然有一定的规则，也就是此原因的规律，规律也就意味着这个原因有它的必然性，但这种必然性因为我们认识能力方面的有限性并不能被我们所认识。这样一来我们在自然中只能思考源自感性经验世界的规律的某种可能性，这些规律在知识看来只是偶然的。但如果站在这种规律的角度来看的话，我们按照经验统一性和自然统一性的规律所判定的可能性也可以算作一种偶然的。但我们无法摒弃自然的统一性和经验的统一性，而必须对它们加以必然的假设，否则我们的经验性知识就会失去和经验整体的关联性。虽然普遍的自然规律已然提供了各个事物之间的关联，但这种关联的型态是把事物整合为一般自然物的类而实现的，这种关联并没有按照特殊存在的自然存在物的类而提供。现在反思性的判断力需要为自己的先天原则提供一种假定，这种假定就是某些表面看来是特殊的经验性的自然规律，我们的知识把这些规律判定为偶然的东西，但这种偶然性的知识却在联结经验时有一种值得我们加以探究的合规律的统一性。规律的统一性虽然是按照某种知性的

①康德.康德三大批判合集：下[M].邓晓芒，译.杨祖陶，校.北京：人民出版社，2009：230.

意志而得出的，但它却是源自一种偶然的认识的联结，并在这种联结中被思考为合目的性的。当我们对服从可能的经验性规律的事物运用反思性的判断力时，绝不能忽视这些规律，从而按我们认识能力方面的某种合目的性原则去对经验世界进行思维。这样一来，自然的合目的性这一先验概念就独立于自然概念和自由概念之外，这种自然的合目的性根本没有加给自然任何东西，而只是“表现了我们在着眼于某种彻底关联着的经验而对自然对象进行反思时所必须采取的唯一方式”①。

为什么我们进行反思时需要这种先验的原则预设呢？有着无限多样化经验规律的自然会给予我们的知觉一个关联着的经验，并且这是一种先天就被置于我们知性之中的经验，换句话说，普遍性的自然规律本身就先天为知性所具备，否则我们将不可能拥有任何经验的对象。在自然中有一个为我们的知性所能把握的类和种的从属关系，而这些类和种又按照某种原则不断接近，这样我们从某种类向更高的类的过渡才成为可能，判断力为了让我们的认识能力和自然相契合，先天预设了自然和我们认识能力的契合性，唯有如此，判断力才能根据自然的经验性规律来对自然进行反思。这样判断力才能把先验的合目的性赋予自然。而这种预设为我们按照经验性规律来确定自然秩序提供了保证，还为我们提供线索让我们可以按照多样性来处理相关的经验性规律以及对自然进行研究。但我们还需要某种在自然的特殊规则中的自然秩序，如果没有这种特殊的规则，就不会有从一个一般的普遍类比向一个特殊类比的进展。在此我们可以说，判断力对于自然的可能性必然有一个先天的原则，但这种先天的原则只能在我们的主观考虑中，因为在这里判断力绝不是为了给自然颁定规律，而是在反思自然的基础上给自己颁定规律，这种判断力自己给自己颁布的规律被康德称为“在自然的经验性规律方面的自然的特异化规律”②。这种特异化规律源自判断力为了知性可以认识的自然秩序，在自然规律对感性的世界造成种和类的划分时，将特殊规律的

①康德．康德三大批判合集：下[M]．邓晓芒，译．杨祖陶，校．北京：人民出版社，2009：234.

②康德．康德三大批判合集：下[M]．邓晓芒，译．杨祖陶，校．北京：人民出版社，2009：235.

多样性从属于普遍性的自然规律之下。所以我们的知觉在自然界向我们展现的事物中发现普遍的东西,在有差异的东西中又发现它们在原则的统一性中的联结,从而把普遍规律特异化。在这种情况之下,我们没有给自然界颁定任何规律,也没有从自然界学习到任何新的规律,因为这是一条反思性的判断力的原则。在这里,自然界尽可以按照普遍的自然规律建立起来,从而为我们提供经验认识的某种秩序性背景,但我们的反思性的判断力原则必然要去追踪自然的经验性规律,因为唯有如此我们才能运用我们的知性在经验中不断前进并获得知识。

我们认识某种事物时总是先以知性范畴的方式把它进行相应的归摄,但这种规定性的判断力进行判断的依据必然是粗线条的,所以在每个种属之下必然有着纷纭的殊异性存在,我们可以指着地球上的每一棵植物说这是植物而不是动物,但我们所指的这棵植物可能是植物这个种属之下的任何一种,也就是说植物的种属之下的特殊性存在,尽管相对于其他种属比如动物而言,我们的指称是绝对无误的,但在这个种属之内,我们的指称又是不完整的,因为这个植物有可能是一棵小草,也有可能是一棵参天大树,甚至是我们未发现的一种新的植物。不容我们忽视的是,我们关于种属之下的事物特殊性的认识从知性的角度来看只是一种偶然,因为某个种属之下会拥有无限多样的事物分类,而且即使在一个确定的事物之下也存在着经验都难以完全表述的差异性。拿苹果树来举例,每一棵苹果树对其他的苹果树而言都是一种特殊的存在,即使同一棵苹果树在不同的时间和空间条件下也是具有差异性的。但这些区别只是一种偶然的,因为如果我们把这些差别认为是必然的话,我们就会失去对自然世界经验总体性的关联,而一旦失去这个经验性的自然界作为认识背景的话,我们的认识将会陷入混乱和无序之中。我们的知性在自己的范畴之外还有着一种不断扩展自身的天然倾向,所以对自然的特殊规律的多样性的探求对知性来说又是必不可少的。这样一来,寻求知性的自然的特殊规律的秩序相统一工作就成为知性的一个必然目的,即知性需要把这种特殊规律的原则统一性带进自然中来,而这个必然的目的只有判断力才能赋予自然,知性在这个范围内无法给自然提供任何规律。

每个目的都有一个意图,而意图的实现总会和愉快的情感相联系,如果意图实现的条件是反思性的判断力的一般原则,那么愉快的情感也就被反思性的判断力所规定了。根据上述分析,反思性的判断力是一种先天的表象,那么也就意味着这种和反思性的判断力相关联的情感是被一个先天根据所规定的,而我们可以宣称,一种源自先天根据的情感对每一个人都是有效的。我们会发现这种关联一边是客体,另一边是我们的反思性的判断力,这个自然的合目的性概念在这里没有掺杂任何欲求的能力,所以自然的合目的性和由它产生的情感就与自然的任何实践的合目的性以及由它产生的欲求的情感完全区别开来了。

我们禁不住要问,难道我们的知觉和普遍自然概念的规律相契合时就不会产生令人愉快的情感吗?康德认为二者之间不会产生丝毫的影响,因为知性在这种行为中是无意中按其本性的必然而行事的,也就是没有反思性的判断力的引发,我们无法产生愉快的情感,而当我们在两个或多个异质的经验性规律中发现一个可以将它们置于同一个原则之下的一致性时,就会产生一种十分明显的愉快。这里就为我们提出了一个任务,那就是把自然的合目的性规律尽可能纳入更高的经验性的规律之下进行研究,以便寻求自然和我们的认识能力(这种认识能力被知性判断为偶然的)的一致性中的愉快依据。这种愉快突出表现为自然合目的性的审美表象可以被我们寻找到。康德对审美表象的定义是:“凡是在一个客体的表象上只是主观的东西,亦即凡是构成这表象与主体的关系、而不是与对象的关系的东西,就是该表象的审美性状。”[①]在审美性状之外,康德认为在表象中还存在着能够被用于对象的规定的东西,这属于表象的逻辑有效性。这里我们只有一个事物的合目的性在知觉中被表现出来的结果,但这个结果并不带来对象本身的任何知识。这样先行于某个客体知识的,在不把客体的表象作某种知识的运用的情况下仍然可以和表象密切关联着的目的性,我们可以称为表象的主观的东西,当然它绝不能充当任何知识性的依据。如此一来,对象就仅仅在自身的表象和愉悦

①康德.康德三大批判合集:下[M].邓晓芒,译.杨祖陶,校.北京:人民出版社,2009:238.

的情感相关联的层面上被称为合目的性的,这种特殊的表象的名称就是合目的性的审美表象。那么这种合目的性的表象如何得以可能呢?

康德认为,如果我们对一个对象的形式的单纯领会没有直观与一定知识的某种概念的关系而结合有愉快的话,那么我们就可以说这个对象和客体无关;又因为这种愉悦所传达的只能是客体在反思判断力中与认识能力方面相关联的适合性,所以只能和主体有关。如果我们能考虑到这种特殊的认识能力在这里起作用的话,这种愉悦得以可能的原因是客体的那种主观形式的合目的性。它可以被我们的想象力所领会的原因在于反思性的判断力有一种将直观与概念相联系并加以比较的能力。如果没有这种比较的话,这种愉快感将永远不会发生。一旦在这种比较中,先天直观的能力借助一个给予的表象偶然地和概念的能力达成了某种一致性,而且从这种一致性中衍生了让主体愉悦的情感,那么这个对象对于反思性的判断力来说就可以被看作是合目的性的。在这里所达成的愉悦的判断就是对客体的一种合目的性的审美判断,但审美判断并没有带来任何对象概念,也不是建立在有关对象的概念上的。这个对象的形式只存在于这个形式单纯的反思里,而这种单纯的反思就是我们对一个客体的表象愉快的根据,并且这种愉快与客体的表象也被我们判断为必然结合着的。这样一来这个判断就不仅仅适用于把握了这个形式的单个主体,而且适用于每一个判断者。在此意义上我们可以说,这个对象是美的,而这样一种普遍有效的愉快下判断的能力就叫作鉴赏。

我们可以看到康德把美的依据放在一般反思的对象的形式中,而没有放在对于对象的任何感觉中,所以美和任何概念都没有关系,它只是主体的一般判断力的经验性运用中的想象力和知性的统一,而在这种反思中,客体的表象与这种合规律性又是一致的。于是,我们就拥有了一种愉快,它和自由概念所产生的愉快绝不相同,因为美的愉快绝不可能从概念出发去和一个对象的表象相结合,它在任何条件下只能通过反思的知觉而被认为与这个表象相联结。在这一点上,美的愉快和经验性判断一样不能提供任何客观必然性和先天有效性的预示,但鉴赏判断可以像经验判断那样对每一个人都有效。

在以上的分析中,康德首先从纯粹的鉴赏判断中为我们引出可普遍传达的情感,并且认为这种独属于理性存在者的美的愉悦感不依赖于任何的感官快适,它是绝对无束缚和无拘束的。在这种纯粹的审美判断中没有感官的利害关系,也没有理性的利害关系,但这种自由美的根据绝不在对象所给予的任何感官材料之中,也不和对象背后的概念有丝毫的关联,自由美的根据在于反思性的判断力。确切地说,反思性的判断力将不涉及对象概念的想象力所提取到的形式和直觉关涉到对象概念的能力进行比对,在这种比对中,先验直观的想象力和概念机能的知性取得了一致性,而纯粹愉悦的情感就是从这种和知性的一致性中产生的。这种愉快的根据就在于某个对象与以想象力和知性为代表的诸认识机能的相互关系的合目的性的谐和。

在这种谐和中只有自由之美能在自然之中发现自然的合目的性成分的指示,也只有在自由之美中才能有一种纯粹自由的,不受感性和理性束缚的愉悦。这种自由的愉悦能够让我们深入探究知性含有的先验的构造认识原则以及理性在关于意志方面的先验的实践原则所共有的基础,这个基础就是自然的纯粹形式与我们主体的认识机能的和谐一致性,以及从这种一致性所产生的愉悦。

我们知道,知性的普遍法则就是自然的法则,尽管这些法则源自知性,但它们对于自然而言有一种无可抗拒的必然性,所以自然法则的作用不以我们认识能力中的意图为前提,这个普遍的自然法则必然应用于我们的认识客体自然界,并且我们通过这些法则才能产生对一个事物的概念。知性在这里通过为自然建立先天规律的可能性而证明自然只是被我们作为现象来加以认识的,而作为现象的自然本身就表明在它背后还有一个超感性的基底存在,而反思的判断力通过自然界可能的特殊规律去对自然界的先天原则加以评判,从而使自然的超感性基底取得了某种"以智性能力来规定的可能性"①。

在反思性的判断力的作用之下,我们发现原来截然两分的自然和自由概念有了一种沟通感。首先,反思性的判断力可以赋予自然的超感性基底以知

①康德.康德三大批判合集:下[M].邓晓芒,译.杨祖陶,校.北京:人民出版社,2013:245.

性能力的可能性，但我们要注意的是这种可能性是绝对主观的，它和自然规律没有任何关联，而只是和主体自身具有先验的判断力有关，主体以反思的方式在这里给予自然一种主观形式上的合目的性，这种主观的合目的性实现了主体对殊异性的统一的意图。这种统一的图式虽然是从自然律的统一性中摹画而来的，但意图的实现却没有和自然律产生任何关联，并且合目的性意图的实现还给主体带来无拘束的自由感。其次，当纯粹实践理性让意志自我立法并且遵守相应的实践法则时，主体体会到了一种自律的自由，意志自律的自由严格说来也是主体的意志对自己命令的一种持守，我们可以说，主体在这里也达到了一种没有任何束缚的自由，但这种自由同样是在自然因果律起决定作用的世界中才得以客观化与现实化的。

正如康德所言，反思性的判断力是一种先天的表象，所以反思性的判断力在自然中给出的主观形式上的合目的性的自由愉悦就具有了一种先天性。前面我们已经论及，意志自律向我们展示的也是绝对的先验自由，如此一来，无论意志自律的自由，还是自然的合目的性的自由都具有一种先验性。即使先验自由和审美的自由有不同的形成机制，管理着不同的领域，但在反思性的判断力这里，在先验的意义上实现了从自然概念向自由概念的贯通。

结 语

康德对纯粹理性的批判性研究为我们探讨自由问题提供了一定的场域。从表面上来看,我们获得了外在的客观世界先天综合的证明,实则上述概念同时也为探讨自由问题提供了外在世界确定性的保证,让我们对自由问题的探讨得以展开。

关于自由的面相之一,主体能否作为原因开启者的自由方面,康德从对理性二律背反的原因分析入手,抓住在因果序列中的对象允许异质性对象介入的力学性范畴作为契机,创造性地区分了经验品格和理智品格。这样,完全遵守自然因果律和自由因果律就会在一些序列中完全没有任何冲突地被找到,主体作为原因开启者的自由得到了证明。

关于自由的面相之二,自由与道德律令方面,康德认为对自由法则的持守者具有双向选择性的意志,这种双向选择性表现为自由的任意。善良意志是一种绝对的自主性的理性自由,道德邪恶则是被欲求或自然冲动所颠覆的任意。至关重要的是,意志还以"你应当"的道德律令作为代言,来显示自由的威权。在道德律令中,定言命令与假言命令、自律与他律等构成了相反相成的概念,并衍生了意志的三个表现自由的道德律令,但道德律令的最终指向是实践理性。

关于自由的面相之三,自由与实践理性方面,从对意志的决定根据的分析来看,理性的单纯立法的形式表现出来的意志决定根据为自由提供了实在性证明,而实践法则的普遍立法的资格只有在自由意志中才能得到保证。在这里纯粹理性凭借自由的事实宣布自己是源始地立法的,这样意志为自由作保,理性的自由为意志立法,那么实践法则就属于纯粹实践理性的一个事实,而纯粹实践理性的诸多对象表现为自由的范畴表。自由意志的动力则以否定的方式出现,并衍生出诸种情感,而情感作为一种特殊的概念把我们引向自由美。

关于自由的面相之四,自由与自然的贯通方面,康德指出我们的审美愉悦源自无拘束的"自由的情感",而"自由的情感"中的"自由"的含义是没有感性及知性的束缚和限制,所以事物之所以为美的根据在于反思性的判断力。反思性的判断力,作为一种不属于理性也不属于知性的概念,却可以充当二者之间的一种中介,这种独具的中介性让反思性的判断力成为自然概念领域和自由概念领域沟通的桥梁。

主要参考文献

专著类

[1]康德.康德三大批判合集:上[M].邓晓芒,译.杨祖陶,校.北京:人民出版社,2009.

[2]康德.康德三大批判合集:下[M].邓晓芒,译.杨祖陶,校.北京:人民出版社,2009.

[3]康德.逻辑学讲义[M].许景行,译.北京:商务印书馆,1991.

[4]康德.任何一种能够作为科学出现的未来形而上学导论[M].庞景仁,译.北京:商务印书馆,2017.

[5]康德.实用人类学[M].邓晓芒,译.上海:上海人民出版社,2005.

[6]康德.道德形而上学原理[M].苗力田,译.上海:上海人民出版社,2005.

[7]康德.自然科学的形而上学基础[M].邓晓芒,译.上海:上海人民出版社, 2003.

[8]康德.历史理性批判文集[M].何兆武,译.北京:商务印书馆,2017.

[9]康德.康德书信百封[M].李秋零,编译.上海:上海人民出版社,2006.

[10]杨祖陶,邓晓芒.康德《纯粹理性批判》指要[M].北京:人民出版社,2001.

[11]邓晓芒.冥河的摆渡者:康德的《判断力批判》[M].昆明:云南人民

出版社，2000.

[12]邓晓芒.康德哲学诸问题[M].北京：生活·读书·新知三联书店，2006.

[13]阿利森.康德的自由理论[M].陈虎平，译.沈阳：辽宁教育出版社，2001.

[14]邓晓芒.康德哲学讲演录[M].桂林：广西师范大学出版社，2006.

[15]李泽厚.批判哲学的批判[M].天津：天津社会科学院出版社，2003.

[16]曼弗雷德·库恩.康德传[M].黄添盛，译.上海：上海人民出版社，2014.

[17]刘易斯·贝克.实践理性批判通释[M].黄涛，译.上海：华东师范大学出版社，2011.

[18]卢雪崑.康德的自由学说[M].北京：中国人民大学出版社，2016.

[19]罗杰·斯克鲁顿.康德[M].刘华文，译.南京：译林出版社，2013.

[20]亚里士多德.形而上学[M].李真，译.上海：上海人民出版社，2005.

[21]黑格尔.小逻辑[M].贺麟，译.北京：商务印书馆，2016.

[22]黑格尔.哲学史讲演录：第1—4卷[M].贺麟，王太庆，译.北京：商务印书馆，2013.

[23]黑格尔.精神现象学：上[M].贺麟，王玖兴，译.北京：商务印书馆，2017.

[24]黑格尔.精神现象学：下[M].贺麟，王玖兴，译.北京：商务印书馆，2017.

[25]笛卡尔.第一哲学沉思集[M].庞景仁，译.北京：商务印书馆，2011.

[26]卢梭.社会契约论[M].何兆武，译.天津：天津人民出版社，2014.

[27]莱布尼茨.人类理智新论[M].陈修斋，译.北京：商务印书馆，1982.

[28]培根.新工具[M].许宝骙，译.北京：商务印书馆，2017.

[29]斯宾诺莎.知性改进论：并论最足以指导人达到对事物的真知识的途径[M].贺麟，译.北京：商务印书馆，2011.

[30]休谟.人类理解研究[M].关文运，译.北京：商务印书馆，2011.

[31]亚里士多德.尼各马科伦理学[M].苗力田,译.北京:中国社会科学出版社,1990.

[32]杨祖陶.康德黑格尔哲学研究[M].武汉:武汉大学出版社,2001.

[33]张汝伦.德国哲学十论[M].上海:复旦大学出版社,2004.

[34]柏拉图.理想国[M].顾寿观,译.吴天岳,校.长沙:岳麓书社,2018.

期刊类

[1]邓晓芒.对自由与必然关系的再考察[J].湖南科技大学学报(社会科学版),2014(04).

[2]邓晓芒.康德《实践理性批判》中的自由范畴表解读[J].哲学研究,2009(09).

[3]邓晓芒.康德时间观的困境和启示[J].江苏社会科学,2006(06).

[4]邓晓芒.伯林自由观批判[J].社会科学论坛,2005(10).

[5]邓晓芒.康德的"先验"与"超验"之辨[J].同济大学学报(社会科学版),2005(05).

[6]邓晓芒.康德和黑格尔的自由观比较[J].社会科学战线,2005(03).

[7]邓晓芒.审美判断力在康德哲学中的地位[J].文艺研究,2005(05).

[8]邓晓芒.康德道德哲学的三个层次:《道德形而上学基础》述评[J].云南大学学报(社会科学版),2004(04).

[9]邓晓芒.康德自由概念的三个层次[J].复旦学报(社会科学版),2004(02).

[10]邓晓芒.西方启蒙思想的本质[J].广东社会科学,2003(04).

[11]邓晓芒.康德论因果性问题[J].浙江学刊,2003(02).

[12]李秋零.康德往来书信中的《纯粹理性批判》诞生记[J].德国哲学,2016(02).

[13]李秋零.奥古斯丁视域中的康德人性根本恶理论[J].宗教与哲学,2017(00).

[14]李秋零.“人是目的”:一个有待澄清的康德命题[J].宗教与哲学,2016(00).

[15]李秋零.康德与启蒙运动[J].中国人民大学学报,2010(06).

[16]李秋零.康德论哲学与神学的关系[J].江苏行政学院学报,2008(01).

[17]李秋零.康德何以步安瑟尔谟的后尘?[J].中国人民大学学报,1999(02).

[18]李秋零.康德论人性根本恶及人的改恶向善[J].哲学研究,1997(01).

[19]李秋零.从康德的“自然意图”到黑格尔的“理性狡计”:德国古典历史哲学发展的一条重要线索[J].中国人民大学学报,1991(05).

[20]李秋零.历史是由恶向善的进步:康德历史哲学述评[J].哲学动态,1989(03).

[21]张汝伦.从黑格尔的康德批判看黑格尔哲学[J].哲学动态,2016(05).

[22]张汝伦.作为第一哲学的实践哲学及其实践概念[J].复旦学报(社会科学版),2005(05).

[23]张汝伦.康德二百年祭[J].读书杂志,2004(08).

[24]张汝伦.中西伦理学对话的可能性和条件[J].复旦学报(社会科学版),2000(04).

[25]张汝伦.自我的困境:近代主体性形而上学之反思与批判[J].复旦学报(社会科学版),1998(01).

[26]叶秀山.说不尽的康德哲学[J].哲学研究,1995(09).

[27]叶秀山.康德之“先验逻辑”与知识论[J].广东社会科学,2003(04).

[28]叶秀山.康德《判断力批判》的主要思想及其历史意义[J].浙江学刊,2003(03).

[29]徐晓宇,姜军.自由的实在性之思:康德实践哲学中的自由理论述评[J].理论探讨,2010(04).

[30]洪克强,肖娜."纯粹自由"何以可能?:从"三大批判"看康德自由理论的逻辑建构[J].贵州社会科学,2005(01).

[31]洪克强.论康德自由理论的思想背景[J].贵州社会科学,2003(05).

[32]王天成,姚修杰.康德自由概念发展的基本理路及其二重性[J].江苏行政学院学报,2012(06).

[33]孙迎联.康德自由之思与当代价值[J].理论月刊,2006(05).

[34]范进.康德道德哲学的拱心石[J].中国社会科学,1988(03).

[35]毛怡红.当代新康德主义研究述介[J].哲学动态,1993(05).

[36]申扶民.康德批判哲学视野中的审美与自由[J].哲学研究,2008(01).

[37]肖福平.康德的理性地位与自由"实在"论[J].山东社会科学,2008(03).

[38]谈克华.康德的先验自由何以可能[J].苏州大学学报(哲学社会科学版),2008(02).

[39]朱小娟.从历史分析方法的角度把握集体主义[J].思想理论教育(综合版),2017(07).

[40]崔宜明.康德哲学中的自由理念:在自由意志与自由权利之间[J].华东师范大学学报(哲学社会科学版),2010(05).

[41]肖福平.康德悖论的思辨与自由辨析[J].前沿,2010(19).

[42]洪克强.康德自由观的历史贡献及当代意义[J].云南社会科学,2003(04).

[43]洪克强.论康德自由理论的思想背景[J].贵州社会科学,2003(05).

[44]陈晓川.恶、自由与康德的善人概念[J].伦理学研究,2011(03).

[45]白文君.论康德自由的层次性及逻辑跃进:兼论康德自由论的神学维度[J].理论月刊,2011(08).

[46]谭杰.论康德的消极自由与积极自由:兼与伯林两种自由概念的比较[J].道德与文明,2011(04).

[47]胡万年.康德自由实在性的两种论证策略:从《道德形而上学的奠

基》到《实践理性批判》[J].江苏社会科学,2011(05).

[48]朱会晖.自由的现实性与定言命令的可能性:对康德《道德形而上学奠基》的新理解[J].哲学研究,2011(12).

[49]胡万年.自然与自由:康德因果性问题中的科学与哲学意蕴[J].自然辩证法研究,2012(03).

[50]刘道一.不可言说的言说:康德实践哲学中的“自由设定”问题[J].社会科学论坛,2012(10).

[51]王天成,姚修杰.康德自由概念发展的基本理路及其二重性[J].江苏行政学院学报,2012(06).

[52]潘志恒.康德的自由理论评析[J].比较法研究,2004(02).

[53]邓晓芒.康德历史哲学:“第四批判”和自由感:兼与何兆武先生商榷[J].哲学研究,2004(04).

[54]杨晞帆.道德实践的蓝图:康德实践哲学中的自律与自由[J].江西社会科学,2005(08).

[55]平飞.人·自由·理性·立法:康德自由观的人本意蕴[J].理论月刊,2005(10).

[56]丁三东.主观自由及其限度:论黑格尔对康德道德哲学的重构与批评[J].西南民族大学学报(人文社科版),2009(05).

[57]谈克华.康德论自然因果性与先验自由[J].自然辩证法研究,2009(08).

[58]M.马奈利,敬石.康德、黑格尔和马克思的自由概念[J].哲学译丛,1981(03).

[59]刘凤娟.从亚里士多德四因说角度解读康德的自由任意[J].内蒙古大学学报(哲学社会科学版),2015(03).

[60]成林.道德与自由:对康德道德学说的一种探讨[J].世界哲学,2015(06).

[61]刘清平.理性精神扭曲下的自由意志:康德自由意志观的悖论解析[J].南京社会科学,2018(02).

[62]牟斌.论康德的道德自由学说[J].中国社会科学院研究生院学报,1987(03).

[63]宋炳延.康德在自由因果学说中的哲学革命[J].山西大学学报(哲学社会科学版),1987(04).

[64]杨守森.康德论“自由想象”:读《判断力批判》[J].社会科学战线,1987(01).

[65]范进.自由:通向人类希望之路:对康德《实践理性批判》辩证论的一点思考[J].中国社会科学院研究生院学报,1988(02).

[66]程惠莲.康德道德自由的主体性思想[J].道德与文明,1990(05).

[67]方朝晖.康德对近代西方自由观的扬弃[J].求索,1992(03).

[68]李建华,覃青必.论康德的道德自由观[J].哲学研究,2007(07).

[69]孙冠臣.康德通向自由的两条道路:海德格尔1930年弗莱堡讲座分析[J].中国社会科学院研究生院学报,2007(03).

[70]胡好.重看康德定言命令式何以可能:以自由和道德法则的循环为视角[J].世界哲学,2016(03).

[71]张传有.自由:康德伦理学的核心[J].武汉大学学报(哲学社会科学版),1999(03).

[72]胡好.康德哲学中的抉意自由[J].道德与文明,2013(06).

[73]甘培聪,李萍.法则对于自由的胜利:阿多诺对康德道德哲学的批判[J].福建论坛(人文社会科学版),2013(02).